AVENTURES D'UN GENTILHOMME.

LA ROUTE DE L'EXIL.

A LA MÊME LIBRAIRIE.

OUVRAGES DU MÊME AUTEUR :

Les Quarts de nuit, contes et causeries d'un vieux navigateur ; quatrième édition, 1 vol. in-18 . . . . . 2 f. »
Les Nouveaux Quarts de nuit, récits maritimes ; troisième édition, 1 vol. in 18 . . . . 2 »
Troisièmes Quarts de nuit, contes d'un marin ; 1 vol. in-18.. . . . . 2 »
Le Mouton enragé, 1 vol in-18. . . . . 2 »

Esquisses Maritimes
- **La Frégate l'Introuvable :** troisième édition, un vol. in-18. . . . . 1 »
- **Les Cousines de l'Introuvable ;** 1 vol. in-18. . . . . 1 »
- **Paris pour les Marins ;** 1 vol. in-18 . 1 »

SOUS PRESSE :

Aventures d'un Gentilhomme. **Le Manoir de Rosven.**
L'Homme de Feu, 1 vol. in-18.
Quatrièmes Quarts de nuit, tablettes navales.
Études Marines. — **Jean Bart et Charles Keyser.**
Les deux routes de la vie.

EN PREPARATION :

Cinquièmes Quarts de nuit.
Derniers Quarts de nuit.
Les Quarts de jour.
Pigeon vole, aventures en l'air.

AVENTURES D'UN GENTILHOMME.

LA ROUTE DE L'EXIL

PAR

G. DE LA LANDELLE.

PARIS
P. BRUNET, LIBRAIRE-ÉDITEUR,
RUE BONAPARTE, 31
1867.

Droits de propriété et de traduction réservés.

AVANT-PROPOS.

Je hais ardemment toutes les guerres, et surtout les guerres civiles. Ami passionné des progrès dont la paix est l'objet suprême, je hais les révolutions violentes qui les ralentissent toujours, et qui, trop souvent, les paralysent.

Aussi ai-je la ferme conviction que, si les ambitions les plus effrénées et les passions les plus hideuses ne s'étaient point déchaînées dès le début de la Révolution Française, elle eût porté infiniment plus de fruits. Il est évident à mes yeux qu'elle aurait pu être pacifique. Il eût suffi de ne point précipiter l'action sage et paternelle de l'infortuné Louis XVI. Sans désordres, sans massacres de carrefour, sans échafauds, sans guerres étrangères ni civiles, elle se serait infailliblement opérée. Et si le Ciel avait permis qu'il en fût ainsi ; nous serions aujourd'hui, à mon sens, incomparablement plus civilisés, infiniment moins barbares que nous ne le sommes.

Le moindre tronçon de chemin de fer fait plus pour l'émancipation et la fraternité des peuples que toutes les déclarations imaginables des Droits de l'Homme et du Citoyen.

Les inventions, les travaux scientifiques, industriels, agricoles, les développements du commerce, les voies et débouchés ouverts à l'activité humaine, sont des œuvres de paix qui nous font progresser avec une rapidité dont ne saurait approcher aucune Révolution sanglante.

J'aime la Liberté, dans la mesure du juste et du possible. Et c'est pourquoi j'ai en horreur les hommes qui, élevant des autels à la Raison, proscrivirent la liberté d'adorer le le Dieu des chrétiens.

Je pense en souriant que l'Égalité est une utopie en contradiction manifeste avec les lois de la Nature. Mais j'aspire à la répartition la plus *égale* possible entre tous les hommes de la somme totale des biens et des maux. Je pense donc que par des efforts généreux de tous les jours, par la diffusion des lumières, par l'éducation et l'instruction, par la modération dans l'usage de la propriété, par le travail, par la justice, nous devons tendre incessamment à rendre les inégalités sociales de moins en moins cruelles. Je suis donc un partisan très-chaleureux du principe d'association.

Enfin, j'adore la Fraternité, la Charité, la Paix.

Au sujet d'une œuvre d'imagination, il est fort insolite qu'on fasse sa profession de foi ; mais le récit suivant est de ceux qui justifient toutes les précautions oratoires. Ils auront l'esprit étroit et le cœur dur ceux qui le liront avec colère parce que son auteur, peignant les temps maudits de nos discordes, s'est résolument jeté dans le camp des persécutés à l'encontre des persécuteurs. Ils méconnaîtront sa pensée et surtout ses opinions politiques, s'ils le traitent de rétrograde.

Les mots : *Liberté*, *Fraternité*, inscrits sur la première page de ce livre n'y seraient point une épigraphe mensongère; ils y seront remplacés par ceux-ci : *Piété Filiale*.

L'homme de bien le plus homme de bien que j'aie jamais connu, aimé, vénéré, est mon propre père. Il fut l'un des combattants qui se dévouèrent à lutter contre les excès de la Révolution. En racontant l'histoire qu'on va lire, je raconte presque la sienne. Esclave de sa conscience, il se conduisit toujours non-seulement loyalement, mais encore *logiquement*. Je n'hésite point à le proclamer; et malgré mon brûlant amour du progrès, je suis profondément convaincu de n'être point en contradiction avec moi-même en n'effaçant aucune des lignes des *Aventures d'un Gentilhomme*.

LA ROUTE DE L'EXIL.

I.

LE TOIT DE CHAUME.

De vastes landes, dont les limites sont quelques bouquets de pins, tristes arbres d'hiver; — çà et là de pauvres champs entourés de terrassements ou parapets, appelés *fossés* par les gens du pays ; — sur ces parapets, des bruyères, des ajoncs, des ronces, et parfois des chênes trapus arrêtés dans leur croissance ; — des tertres blanchâtres, ou bien des rocs de granit, semblables à de gigantesques ossements qui perceraient le sol ; — des chemins, des sentiers, des routes à charrettes qui se croisent en tous sens et font de ces landes pierreuses une sorte de labyrinthe ; — à chaque embranchement une croix de pierre dont les bras sont couverts de mousse, mais dont les marches sont usées par les genoux des passants ; — souvent, auprès d'une source, ou sur le bord d'une voie de communication, une niche et la statue d'un saint vénéré, grossière sculpture, pieux monument, auquel se rattache toujours une légende merveilleuse;—puis, de distance en distance, des ruisseaux encaissés entre des collines boisées, riantes oasis qui reposent l'œil du voyageur ; et là, du milieu d'un groupe de chaumières, un modeste clocher d'ardoises qui s'élève vers le ciel ; — dans les fonds, des marécages fertiles, des bocages épais, des *fossés* gras de fougère, des prairies entrélfées, gazonneuses et fleuries, autres dédales inextricables qu'on n'aperçoit guère de la grand'route ; — sur les hauteurs, ou encore aux confins de quelque plaine inculte, des bois vigoureux et serrés dans lesquels il faudra s'avancer profondément avant de rencontrer un château, un manoir ou une gentilhommière : — tel est l'aspect général des campagnes de l'évêché de Vannes, lorsqu'on remonte dans l'intérieur de la Bretagne.

Sur le littoral, on trouverait des sites plus pittoresques et plus grandioses, mais non plus sauvages. La ceinture d'écueils de la brumeuse Armorique n'est pas plus sévère que certaines parties de la province ; et si les géants du rivage sont beaux à contempler, alors qu'ils soutiennent à grand bruit leur éternelle lutte contre l'Océan, c'est aussi un spectacle qui parle à l'âme, que ces landes décharnées, silencieuses, immobiles, où pas un arbre ne tremble au vent, où la brise ne roule pas une feuille, et où l'on peut faire plusieurs lieues sans voir autre chose qu'un horizon majestueux de nudité.

La demeure de la famille de La Faugerais, située entre Vannes et Ploërmel, au-delà d'une lande en pente que les gens des environs nommaient la lande Sans-Fin, ne méritait pas le titre de château ; une seule tourelle, déjà fort délabrée, et une méchante douve de clôture ne suffisaient pas pour l'en rendre digne ; c'était mieux cependant qu'une gentilhommière. De Nantes à Saint-Malo, de Saint-Pol-de-Léon à Vitré, dans la Haute comme dans la Basse-Bretagne, on eût inutilement cherché un logis auquel le nom de *manoir* pût être appliqué avec autant de justesse, qu'à la résidence de haut et puissant seigneur, — au dire de ses poudreux parchemins, — Jean-François Bozec, sire de Rosven, de La Faugerais, de Kerbozec, Ploudiri-Braz, Kertégonec et autres lieux.

Mais de tous ces lieux nommés ou innommés, en 1790, il ne restait au vieux gentilhomme que la propriété de la Faugerais, dont le château avait été incendié et rasé par les Français deux cent-cinquante ans auparavant, plus la gentilhommière de Kerbozec, fondée par le premier Bozec, Jean-Hilaire, lequel, disaient encore les titres, ne vivait plus en 1352, plus une petite maison à Vannes, pompeusement connue sous le nom d'hôtel de La Faugerais, plus enfin le manoir de Rosven que l'on habitait, — le tout, bon an mal an, rapportant de six à sept mille livres de rente.

La famille était fort nombreuse, les cadets libéralement pensionnés et reçus à bras ouverts chaque fois qu'ils revenaient au gîte, l'hospitalité honorablement exercée. Si l'on fait entrer en ligne de compte les charitables habitudes de *haut et puissant seigneur* Jean-François et de son entourage, on comprendra aisément pourquoi la tourelle tombait en ruines et pourquoi les ardoises de l'aile gauche avaient peu à peu servi aux réparations nécessaires dans la toiture du corps de logis, si bien que l'on se mit à couvrir en chaume ladite aile gauche tout entière.

Gavésio, frère de lait du capitaine de vaisseau Michel de La Faugerais, second fils du seigneur châtelain et nommé, par brevet du roi, vicomte de Kerbozec, Gavésio, le doyen des serviteurs de la famille, en éprouva un violent chagrin. Aussi, pendant que les couvreurs étaient encore à l'ouvrage, il rassembla chez lui les métayers ainsi que les tenuyers, et en général tous les redevanciers du domaine, fit servir du cidre, porta la santé des maîtres, et prenant la parole en breton, il ne tarda pas à prononcer un discours qui pourrait à peu près se traduire ainsi :

— N'est-ce pas une honte à nous tous de laisser le *bonhomme* couvrir son logis en chaume, quand nous pourrions faire autrement? Qui a perdu son bétail sans que le *bonhomme*, quoiqu'il perdît déjà bien assez, ne lui ait pas encore payé de quoi en avoir d'autre? Qui a été malade sans que la *bonne femme*, dans son jeune temps, et maintenant Mme. Hilaire et Mlle. Mélite soient venues le visiter, le soigner et l'encourager? Et à qui nous adressons-nous dès qu'il nous manque quelque chose? Dans les temps durs, les maîtres sont doux pour les métayers, mais à présent, c'est les métayers qui sont durs pour les maîtres! Vous ne savez pas peut-être que, l'an passé, il a fallu que M. Armand fît couper des bois avant l'époque, parce qu'il n'y avait plus d'argent au manoir. Le vieux Gavésio en pleura, demandez plutôt à sa femme.

Tous les regards se tournèrent vers la mère Gavésio, qui confirma d'un geste l'assertion de son mari; puis l'honnête fermier continua :

— Et malgré çà, Poulglaz, juste quand ils coupaient leur bois, ils t'ont donné trente écus pour réparer ta ferme! et quand les pauvres sont venus à Rosven, ils n'ont pas eu ce qui s'appelle un liard de moins que de coutume! — Toi, Bastin, as-tu oublié qu'à la mort de ton père tu étais tout petit et que tu ne pouvais pas faire aller la métairie? Eh bien, qu'a dit le *bonhomme*? il a dit : « L'enfant grandira, et sera bon; je veux qu'il conserve tout ce que son père avait; » et il t'a donné pour valet de ferme, un homme qui promettait de payer à prix d'argent une demi-fois de plus que tu ne donnes par moitié, maintenant que tu es en âge ! Et c'était M. Armand lui-même qui veillait sur ta part, de manière que ta métairie, qui ne valait pas grand'chose du temps du vieux Bastin, devant Dieu soit son âme ! est à cette heure la meilleure du domaine. — Qui fait dire des messes pour tes père et mère, Pontaven ? Et qui a fait planter la croix de la lande Sans-Fin ? — Les maîtres donnent ; ils donnent toujours sans compter, et ils couvrent leur logis en chaume ! Toi, Jean du Gavre, tu vas bientôt couvrir ta maison en ardoises. Tu places de l'argent chez les notaires, à ce qu'on dit, mais quand ta femme est malade, tu sais bien le chemin du manoir. Voyons ! quelle est ta redevance ? Vingt écus par an, un cent d'œufs et douze paires de volailles !... Et pourtant tout ton bien vient de Rosven !

Après avoir repris haleine, Pierre Gavésio poursuivit en disant :

— Si l'on tire d'un seul sac pour donner à tout le monde, ne serait-ce qu'un peu, le sac sera bientôt vide ; mais si tout le monde n'y mettait qu'un peu, le sac serait bientôt plein. — Il y en a peut-être qui pensent que tout irait mieux s'il n'y avait ni maîtres, ni riches ; les bourgeois qui ne croient pas en Dieu ne manquent pas pour le dire ! Mais écoutez Pierre Gavésio votre ancien, et méfiez-vous des méchantes gens qui n'ont foi ni à Dieu ni à diable, et qui vous attirent au cabaret pour vous parler d'égalité. Moi je dis que si le bon Dieu avait voulu que chacun fût pareil, riche, bien portant, beau et fort, la terre ne serait plus la terre, mais le paradis. Qui de nous dira que son fils est autant que lui? et qui se croit l'égal de son valet de métairie? — Voilà pourquoi, comme nous sommes les maîtres de nos valets et les pères de nos enfants, le *bonhomme* est notre maître et notre père à tous : vous le savez bien !...

Gavésio, sans chercher d'autre transition, finit en disant encore :

— Aussi je répète que c'est une honte de lui laisser couvrir son logis en chaume !

Divers murmures se firent entendre dans le groupe des redevanciers ; mais en général, le discours du vieux paysan avait été goûté par son auditoire.

— Eh bien ! répondirent plusieurs voix, dites-nous ce qu'il nous faut faire.

— Il faut aller trouver le *bonhomme*, il faut lui dire que nous ne souffrirons pas qu'il se ruine pour nous, et que nous allons payer, chacun suivant le prix de son fermage, pour qu'on lui mette des ardoises ; il faut lui dire que le partage par moitié n'est pas assez pour qu'il tienne sa maison comme un gentilhomme, et que nous voulons qu'il prenne la quatorzième gerbe. Comme ça, si l'an prochain il veut faire réparer sa tourelle ou son mur, il ne trouvera pas son coffre vide. Et on ne verra jamais le moment où les maîtres vendront le manoir ou le quitteront pour demeurer à la ville.

Les assistants se concertèrent longtemps sur la proposition de Pierre Gavésio, mais le vieux métayer avait sagement réservé pour le dernier son argument le plus énergique. A la seule pensée de l'abandon possible de Rosven par les maîtres appauvris, chacun de ceux qui n'étaient pas touchés de cœur, comprit combien l'on y perdrait. La discussion s'engagea sur ce terrain. L'on finit par être d'accord en tous points. Par intérêt ou par enthousiasme, les métayers étaient unanimes, ce fut aussi à l'unanimité qu'ils choisirent Gavésio pour porter la parole.

En ce moment Jean-François de La Faugerais, vieillard plus qu'octogénaire, était dans le grand salon, et sa famille l'entourait. Un tronc de hêtre flambait et pétillait dans la vaste cheminée ornée des armoiries de Bozec, écu de *gueules à la croix pattée d'or*. L'atmosphère avait été refroidie par quelques jours de pluie saline; aussi, quoique l'on fût à peine à la mi-septembre, les vieux parents ne pouvaient se passer d'un bon feu.

En face du seigneur-châtelain, à l'autre angle du foyer, était assise, dans une moëlleuse bergère en velours d'Utrecht, celle que les paysans avaient désignée sous le nom de la *bonne femme*, — terme qui, comme celui de *bonhomme*, est bien loin d'être irrespectueux, mais renferme au contraire dans le pays une idée de pieuse vénération pour l'âge et la position de chef de famille.

La vieille dame venait d'atteindre sa soixante-quinzième année, et paraissait encore plus cassée que son mari; elle ne pouvait plus sortir du manoir, où l'on venait lui dire la messe chaque dimanche. Déjà, depuis trois ans, sa place restait vide au banc seigneurial, dans la paroisse de Saint-Ermel, qui n'était pourtant qu'à un petit quart de lieue de Rosven, sur le versant opposé à la lande Sans-Fin. Mais, bien que, par conséquent, la messe fût dite dans la chapelle du manoir, M. Armand de La Faugerais, ses enfants et petits-enfants ne manquaient pas de se rendre à l'église patronale. Le bonhomme Jean-François lui-même avait à cœur d'y aller encore lorsque le temps était beau, et, quelque temps qu'il fît, aux principales fêtes de l'année. Alors les paysans ouvraient passage avec bonheur au patriarche suivi par trois générations de son nom et de sa lignée.

Armand de La Faugerais, l'aîné de la famille, était déjà

fort âgé lui-même. Veuf depuis longtemps, il avait deux fils et une fille : Hilaire, Ermel et Mélite.

Le premier, destiné à devenir à son tour chef de la maison et châtelain de Rosven, se maria de bonne heure avec Mlle. Louise de Kerfuntun, dont il avait plusieurs enfants sur lesquels s'arrêtaient avec délices les regards du bisaïeul.

Ermel, souvent absent, servait dans le régiment d'Artois depuis près de six années; il revenait de tenir garnison à Saint-Domingue, au Cap Français, et rentrait en France avec le grade de lieutenant. Il avait notamment fait la traversée à bord du vaisseau du roi le *Lys*, commandé par son oncle Michel, second fils du vieux châtelain, et que l'on appelait souvent le vicomte, de même qu'Ermel était appelé le chevalier.

L'oncle et le neveu ayant tous les deux sollicité et obtenu un congé de six mois, étaient arrivés ensemble au manoir paternel; la famille se trouvait de la sorte au grand complet. Les uniformes des deux officiers, objets d'orgueil pour le bisaïeul, excitaient à la fois l'admiration et l'envie de leurs neveux, dont l'un, âgé de huit ans, faisait revivre le nom de Jean, — nom glorieux sur l'arbre généalogique, où le petit garçon eût pu figurer avec le chiffre VII en caractères romains.

Le bonhomme, en voyant son fils le vicomte à brevet et son petit-fils le chevalier, disait avec noblesse :

— « Les Bozec de La Faugerais servent le Roi de père en fils; les aînés en cultivant les terres de son royaume, font respecter et chérir son nom; les cadets combattent ses ennemis. »

Et de fait, autour de la grand'salle aux panneaux noircis une galerie de portraits bronzés par le temps confirmait les paroles du vieux gentilhomme. Les figures des chevaliers revêtus d'armures semblaient sourire à des descendants dignes d'eux.

Jean, septième du nom, savait déjà conter à ses petits frères l'histoire de chacun de ses glorieux ancêtres.

L'un avait suivi la duchesse Anne en France, et avait fait les campagnes d'Italie sous les rois Charles VIII et Louis XII ; un autre s'était joint à l'armée de Ferdinand et d'Isabelle, et se trouvait à la prise de Grenade ; il y avait là plusieurs chevaliers de Malte, et deux officiers de la marine de Louis XIV. Il y avait, enfin, — et l'on en passe des meilleurs, — un brave qui avait servi avec Montcalm, et qui était mort à ses côtés sous les murs de Québec, le 14 septembre 1759 ; c'était le frère de Jean-François, qui sentait encore de grosses larmes dans ses yeux quand il regardait la muette image du vaillant capitaine.

Si la vieille bisaïeule représentait sa génération dans la famille La Faugerais, la génération suivante ne fournissait aucune femme. Armand était veuf, le vicomte Michel ne s'était point marié, leurs sœurs étaient mortes ; mais pour égayer par des éclats de voix pures et fraîches les échos du sombre salon, là se trouvaient Louise, la jeune femme d'Hilaire, la mère des arrière-petits-enfants, et Mélite de La Faugerais, grâcieuse jeune fille de dix-huit ans, la bien-aimée du vieillard octogénaire.

Au moment où Pierre Gavésio pénétra dans la salle, outre les membres de la famille, on y voyait deux personnes étroitement unies par les liens du sang avec les hôtes de Rosven.

M. de Kerfuntun, père de Louise, était venu demander l'hospitalité au manoir pour le plus grand plaisir de tous, mais surtout pour celui du jeune lieutenant d'Artois, le chevalier Ermel, car il avait amené avec lui sa fille Francésa, l'amie et la contemporaine de Mélite.

Pendant que Louise présidait aux jeux de ses enfants, et, le doigt sur la bouche, leur faisait signe de ne pas faire trop de bruit; pendant que la douce Mélite, appuyée sur le dossier du fauteuil de Jean-François Bozec, l'amusait par son babil de jeune fille ; tandis qu'à côté de leur mère, Armand et le capitaine de vaisseau Michel devisaient plus gravement, et qu'Hilaire défiait aux échecs M. de Kerfuntun, son beau-père, Ermel s'était approché de Francésa, et jouissait en galant chevalier d'un innocent tête-à-tête. Le bruit des sabots du paysan interrompit les jeux et les causeries. M. de Kerfuntun replaça son fou sur la quatrième case, Jean VII n'acheva point son château de cartes, une période du vicomte resta suspendue, Ermel lui-même ne finit qu'à grand'peine la phrase complimenteuse qui lui valait un sourire de la belle-sœur de son frère.

Pierre Gavésio, naguère si éloquent, était visiblement embarrassé; l'honnête fermier chiffonnait son bonnet de laine entre ses mains et toussait bruyamment comme pour prendre haleine.

— Eh bien, mon ami, demanda l'aîné de la famille, qu'y a-t-il donc à la ferme? car tout ton monde, j'espère, continue de bien se porter depuis ce matin !

— Oui, oui, Monsieur Armand, depuis ce matin, comme vous dites... Vous êtes bien bon ; merci !..... Je viens, voyez-vous, Monsieur, je viens pour une affaire..... de la part de tous les métayers et redevanciers qui sont réunis chez moi.

Le bonhomme Jean-François, assez peu attentif jusque-là, secoua la tête de manière à prouver qu'il écoutait. Alors Gavésio, cessant de répondre au fils aîné, s'adressa directement au vieux châtelain.

— C'est par rapport à ces couvreurs, dit-il avec un nouvei embarras... et, vu qu'ils vous mettent du chaume là où il y a eu des ardoises de tout temps.

Aux nombreuses causes qui intimidaient le paysan venait s'ajouter la nécessité de discourir en français. Ce n'est pas que les gentilshommes ne connussent fort bien le dialecte vannetais, et qu'ils ne l'employassent souvent aux champs ou dans les métairies; mais par respect et plus encore parce qu'il était dans la grand'salle, Gavésio aurait jugé inconvenant de se servir de l'idiome populaire. Il ne trouvait plus ses mots qu'avec difficulté; son langage énergique et pur, tant qu'il s'était exprimé en bas-breton, cessait d'être clair. Il devint diffus et disserta quelque temps sur les avantages des toitures en ardoises.

— Eh! eh! dit le vieux châtelain, Gavésio, mon gars, où veux-tu en venir?

La famille entière faisait cercle autour du paysan à qui l'épithète de *gars* s'appliquait assez mal, car il avait dépassé la cinquantaine depuis bon nombre d'années; mais Jean-François l'avait vu naître, et le doyen des fermiers n'était après tout que le contemporain du vicomte Michel.

— Allons! Pierre, explique-toi mieux que ça, dit le capitaine de vaisseau en lui frappant familièrement sur l'épaule.

— Voyons! voyons! père Gavésio? reprirent à la fois Hilaire et son fils Ermel, et le petit Jean VII.

Il y avait tant de bienveillance dans toutes ces questions et dans tous les regards; les physionomies de Mme. Hilaire et de la jeune Mélite étaient si encourageantes, que le paysan retrouva tout d'un coup son aplomb et alla droit au fait:

— C'est pour vous dire, notre maître, et à vous aussi, monsieur Armand, que ça nous a déjà fait assez de peine quand vous avez coupé le bois de la Croix-de-l'Affût, l'an passé, et que maintenant, en vous voyant couvrir de chaume tout un côté du manoir, ça nous a fait jaser l'un et l'autre, de façon que je parle ici de la part de tous les redevanciers, sans manque d'un seulement....Nous ne voulons pas que ça soit de même !

Un religieux silence accueillit la déclaration du fermier; il n'appartenait plus qu'au père de famille de le rompre. Les enfants levaient sur Pierre Gavésio leurs grands yeux bleus ; Louise et sa sœur Francésa, maintenant à côté de la vénérable bisaïeule, se sentaient déjà doucement émues ; Mélite continuait d'encourager du regard le doyen des fermiers, qui répéta fortement :

— Non, Messieurs, ça ne se peut pas. Ce serait une honte et un péché ; rien qu'en y pensant, j'en ai le rouge sur les joues.... Nous ne voulons pas que ça soit de même !

Jean-François Bozec de La Faugerais, le bisaïeul, lâcha la main caressante de sa petite-fille, et croisa les siennes en appuyant chacun de ses coudes sur les bras rembourrés de son grand fauteuil ; on crut qu'il allait parler ; il se contenta de hocher la tête en regardant plus fixement Pierre Gavésio. Les yeux ternes et un peu rouges du vieillard octogénaire n'exprimaient ni étonnement ni satisfaction, soit qu'il ne démêlât pas encore les intentions du paysan, soit que le langage de ce dernier lui fût désagréable en quelque point.

— Sauf votre respect, notre maître, reprit sagement l'orateur, quand je dis que nous ne voulons pas, c'est une manière de parler ; il n'y a que le Roi qui dise : Nous voulons.

Le vieux gentilhomme, après cette phrase, sembla mieux disposé.

— Eh bien? dit-il.

— Eh bien, en voyant ça, tous les métayers sont tombés d'accord que le partage par moitié n'est pas suffisant pour vous, et ils m'envoient vous proposer la quatorzième gerbe, à seule fin que le manoir de Rosven ne tombe pas par terre, manque de réparations.

Le seigneur châtelain fronça les sourcils, et de longues rides parallèles sillonnèrent son front

— Heum! heum! fit-il en toussant.

Et sauf votre respect, poursuivit le paysan qui devenait de plus en plus précis, on couchera la chose en écriture; et pour ce qui est de la couverture du logis, nous sommes d'accord pour envoyer nos charrettes quérir des ardoises qu'on mettra en place de ce chaume qui fait mal aux yeux.

A mesure que Pierre Gavésio avançait, le mécontentement du châtelain apparaissait plus visiblement : une légère rougeur reflua jusqu'à ses joues, et ses lèvres tremblèrent comme s'il allait parler avec humeur. Ses mains s'appuyèrent fortement sur les bras du fauteuil ; on put croire qu'il voulait se lever; ses enfants s'empressèrent pour l'aider à le mettre debout.

Mais tout cela ne dura qu'un instant. Jean-François de La Faugerais remercia du geste, et reprit sa pose tranquille en disant du ton le plus simple :

— Pourquoi répondrais-je à ta demande, mon gars? J'ai désormais trop peu de temps à vivre. Que mes enfants voient ce qu'ils ont à te dire.

Ayant ainsi parlé, le patriarche s'abandonna aux soins de la jeune Mélite, qui relevait l'oreiller placé sous sa tête et rapprochait de ses pieds l'épais tapis de fourrure que d'abord, par impatience, il avait poussé jusqu'au milieu de la cheminée. Tous les regards se portèrent sur Armand; le vieux Gavésio commençait à douter du succès de sa démarche.

L'aîné de la famille était un homme grave qui avait déjà près de soixante ans; depuis plus de quinze années il administrait les biens, et c'était lui qui avait imaginé de faire couvrir à neuf l'aile gauche dont la charpente dégarnie menaçait de se pourrir. L'aile gauche, du reste, était inhabitable et inhabitée de temps immémorial; elle servait de lieu de décharge, et ressemblait à un chaos qu'Armand se proposait de débrouiller peu à peu.

— Gavésio, mon ami, dit le gentilhomme, tes intentions sont bonnes, et je t'en remercie au nom de toute la famille; mais le partage par moitié, plus la treizième gerbe, est chose établie, je ne la changerai point; il faut que les travailleurs ne souffrent pas du bien-être des propriétaires. C'est entendu! Quant à la toiture, elle sera en chaume, et sera bien ainsi pour des dépendances presque inutiles.

— Inutiles, Monsieur Armand, songez donc que voici des enfants qui grandissent, et que vous n'aurez bientôt plus de quoi loger tout votre monde.

— Les vieux feront place aux jeunes, murmura Jean-François.

Cette parole, d'une vérité trop cruelle, répandit un nuage de tristesse sur tous les fronts. Gavésio se tut; Armand de la Faugerais reprit bientôt :

— Va! Gavésio, va dire à tous nos bons amis que nous sommes touchés de leurs offres, mais que nous ne les accepterons jamais.

— Monsieur Michel, je vous en prie, parlez un peu pour nous, dit le paysan en s'adressant à son frère de lait, le capitaine de vaisseau.

— Pierre, répondit gaîment le marin, tu tombes bien mal, rien de tout ceci n'est mon affaire; mais puisque tu me demandes mon avis, je te renverrai à Hilaire et au petit Jean.

Hilaire ne jugea pas à propos de prendre la parole ; le paysan vit dans ses yeux que les trois générations de gentilshommes refusaient également; alors il baissa la tête, et sans rien ajouter il se dirigea tristement vers la porte.

Michel l'accompagna et lui prit la main :

— Non! non! ce n'est pas bien, dit le paysan, quand ils furent dans l'antichambre; moi, je ne sais pas parler, monsieur Michel, mais si vous aviez voulu, vous auriez fait tourner M. Armand ; je sais bien ça, moi !

— Gavésio, mon bon ami, ne te chagrine pas; tout est pour le mieux.

— Je vous répète, moi, continua le fermier avec humeur, que vous auriez dû prendre un peu plus l'intérêt de nos neveux grands et petits, au lieu de me laisser là tout seul. Si je savais parler en français comme vous, je ne rentrerais pas à la métairie pour leur dire... quoi? qu'on ne veut rien, que les maîtres se ruinent et se bouchent l'oreille au bon sens. Adieu, monsieur Michel.

— Pierre, tu t'en vas fâché, ce n'est pas raisonnable.

— Je ne vous en veux pas, non! bien sûr! répondit brusquement le Bas-Breton, seulement vous avez eu tort de vous mettre à rire...

— Calme-toi, mon ami, continuait le capitaine de vaisseau, je vais vous faire porter du cidre et vous boirez à notre santé...

— Ah! par exemple, monsieur le vicomte! interrompit le paysan avec colère, je voudrais bien voir ! qu'ils y viennent! Nous avons, grâce à Dieu! de quoi boire à la santé de nos maîtres !

Gavésio se dirigeait vers la ferme en grommelant ; l'officier de marine ne voulut pas le laisser partir ainsi.

— Pierre, dit-il, tu me boudes? moi, ton frère de lait!...

— Pardon ! monsieur Michel ! laissez-moi, dit le paysan d'une voix étouffée, vous savez bien que ce n'est pas pour de bon !

Le métayer eut beau renfoncer son bonnet de laine sur ses yeux, il ne put empêcher le marin de voir de grosses larmes qui y roulaient.

— Bonsoir donc, Pierre, dit le vicomte de Kerbozec ému à son tour.

— Bonsoir ! bonsoir ! monsieur Michel, et que le bon Dieu vous garde ! répondit le paysan.

Quand Pierre Gavésio rentra dans sa métairie, les redevanciers commençaient à s'étonner de sa longue absence. Pendant qu'il parlementait au salon, ses camarades avaient causé entre eux du sujet de son ambassade, et l'on doit déclarer que, du fond du cœur, ils désiraient tous un succès qu'aucun ne mettait en doute. La triste allure de leur ancien leur inspira donc des craintes pour la santé des vieillards.

— Pierre ! Gavésio ! holà ! hé ! mon Dieu ! s'écria-t-on de tous côtés, lorsqu'on le vit reparaître les mains croisées derrière le dos, la tête penchée, les yeux rouges.

— Ils n'ont pas voulu ! dit le vieux paysan ; non, rien, rien du tout.

Une foule de questions partirent de tous les coins.

— Non : le bonhomme a manqué se mettre en colère. M. Armand a répondu que c'était bien, qu'il vous dit merci, et qu'il est content que le logis soit couvert en chaume. Voilà leur idée à tous... du plus grand au plus petit.

On ne put pas tirer autre chose de Pierre Gavésio ; mais

quand ses fils virent qu'il ne prenait plus aucune part aux bruyantes conversations des assistants, ils débouchèrent le cidre, et longtemps encore on porta, non sans enthousiasme, la santé des maîtres que l'on comblait de bénédictions.

D'un autre côté, dans la grand'salle, une douce émotion avait successivement pénétré tous les cœurs ; elle redoubla lorsque le vicomte rapporta son dernier entretien avec Gavésio. Le bonhomme lui-même s'était radouci, et l'on devisait encore sur l'incident de la soirée, lorsque les domestiques vinrent mettre le couvert.

Les domestiques, ainsi que les fermiers, étaient de la famille ; leur présence n'empêcha pas la conversation de poursuivre son cours. Ils écoutaient, non à la dérobée, comme des laquais de grande maison, mais bien ouvertement, les yeux dirigés sur celui des maîtres qui avait la parole; ils écoutaient en gens qui usent d'une sorte de droit acquis et qui n'ont pas même la pensée qu'on puisse les soupçonner d'indiscrétion. Ils ne craignaient point de trahir par l'expression de leurs traits les sentiments qu'ils éprouvaient, suivant que l'entretien prenait un tour gai ou sérieux, suivant qu'ils entendaient parler le bonhomme ou la bonne femme, le grave Armand ou son frère le marin, naturellement porté à la plaisanterie, ou Hilaire, homme déjà mûr et posé, ou le bouillant Ermel, ou quelqu'une des jeunes dames du manoir.

Nulle part mieux que dans cette partie de la France devenue célèbre sous le nom général de *Vendée militaire*, et qui peu de temps après opposa une si opiniâtre résistance aux principes révolutionnaires proclamés au nom de la fraternité, de la liberté, de l'égalité ; nulle part ne régnait une fraternité plus réelle, une liberté plus grande, une égalité plus chrétienne.

Toute autre égalité n'est-elle point une chimère? N'y aura-t-il pas toujours, quoi qu'on fasse, des supérieurs et des inférieurs, des chefs et des subalternes, des maîtres et des serviteurs, des riches et des pauvres, des hommes privilégiés sous le rapport de l'éducation et de la position sociale.

L'on peut effacer de la loi le vain titre de *noble*, qui ne représente aujourd'hui qu'un préjugé aussi excusable que tous les autres préjugés humains ; mais dans tout État il y aura nécessairement une classe élevée au-dessus des autres classes, aristocratie de fait qui occupera la place jadis tenue par la noblesse et qui l'occupera, chose digne de remarque, par suite de la *naissance*.

Car il est bon de distinguer entre *naissance* et *noblesse* deux mots que l'on a souvent confondus (¹).

Toujours et partout la naissance a tout donné ; après nos nombreuses révolutions, elle donne tout encore, en France comme ailleurs. Depuis le commencement des âges, c'est la loi de Dieu ; la volonté des hommes ne saurait prévaloir contre elle.

Tout ce qui constitue l'ambition, tout ce qui provoque l'orgueil des enfants de la terre provient des innombrables hasards de la naissance : — beauté, force, santé, fortune. intelligence et tout ce qui en résulte directement, comme le courage, l'énergie, l'éducation, conséquence de la fortune. et même les talents dont nous sommes si fiers. Dans un au-

---

(1) Malgré cette distinction formelle et les développements qui rendent parfaitement claire la pensée de l'auteur, il s'est trouvé un critique pour lui attribuer, d'après le passage ci-dessus, l'opinion absurde que la *Noblesse* donnait la beauté, la force, la santé, *la Santé!*.... N'est-ce point le beau idéal de la mauvaise foi?

tre ordre d'idées, on voit encore que la famille, la nation et la patrie, la race et la couleur sont des dons de la naissance, ou pour mieux dire des dons de Dieu. Heureux ceux qui n'en abusent point!

Mais il est dans la faible nature humaine de faire souvent un mauvais emploi des plus précieux avantages. — Aussi, la noblesse, comme la beauté, comme la puissance, comme le génie, a pu être appliquée à mal, et l'histoire nous montre une foule de nobles indignes de leurs noms et de gentilshommes dégénérés.

L'Écriture nous apprend aussi qu'il y eut des anges rebelles.

Les abus de pouvoir de la classe aristocratique de l'ancien régime furent, du reste, moins criants dans les provinces de l'Ouest que dans les autres parties de la France. En Poitou et en Bretagne, les maîtres arrogants étaient l'exception. Une certaine familiarité y existait entre les nobles et les paysans ; elle résultait des travaux, des intérêts et des plaisirs communs, tels que la récolte, le partage par moitié, la chasse. Des rapports continuels s'ensuivaient, et enfin de pieuses relations s'établissaient toujours entre la ferme et le grand logis. La paysanne avait nourri le jeune châtelain, le maître était parrain des enfants de la métairie. Si l'on n'était point *égaux*, l'on était frères. Et le bonhomme du manoir, comme le disait si bien Pierre Gavésio, était vraiment le père des campagnards d'alentour.

La démarche des fermiers prouvait éloquemment la vivacité de leur affection pour la famille de La Faugerais, sensible à une pareille marque d'attachement. Et tout bas les domestiques regrettaient que leur condition les rendît étrangers à la proposition des paysans.

Ermel, vif et enthousiaste, ne tarda pas à s'écrier :

— Le jour où par malheur il faudrait prendre les armes pour défendre la religion ou la royauté, on pourrait compter sur de tels hommes, ils ne nous abandonneraient pas !

Derrière le jeune officier d'Artois se tenait un soldat qui se redressa militairement à ces mots ; il se nommait Alain, c'était le quatrième fils de Pierre Gavésio le fermier ; il avait suivi son jeune maître au régiment, et depuis cinq ans il partageait sa bonne et sa mauvaise fortune.

Quelques minutes auparavant, Alain trinquait encore avec les redevanciers ; mais au son de la cloche du souper, il était accouru pour prendre sa place accoutumée au service intérieur. Plusieurs fois, aux Iles, comme on disait alors, il avait déployé son intrépidité sous les ordres d'Ermel, à l'occasion des premiers troubles qui éclatèrent à Saint-Domingue, émeutes de mûlatres, la lie du peuple libre de la colonie. Sans avoir précisément fait leurs premières armes, Ermel et Alain avaient donc vu le feu.

— Ah ! ah ! mon neveu, s'écria le vicomte, un petit mot, s'il vous plaît ! Que nos Bas-Bretons soient braves et honnêtes, j'en fais le serment, mais ce seraient à coup sûr de fort tristes soldats.

— On les formerait ! reprit Ermel.

— Ils seraient battus à plate couture par le moindre détachement d'Artois ou de Royal-Marine.

— Je ne dis pas le contraire, quoique derrière un fossé un homme vaille un homme, rien de plus, rien de moins. Il y a, me direz-vous, les landes et les terrains vagues, dans lesquels l'infanterie et la cavalerie peuvent manœuvrer. Mais les gens du pays seraient presque toujours maîtres de refuser le combat. La guerre du peuple de Bretagne serait une guerre de tirailleurs et d'embuscades, et nos gaillards ajustent bien. Voyez Alain, c'est le plus adroit du bataillon.

Alain se rengorgea dans sa dignité de voltigeur.

— N'est-il pas vrai, Alain? dit Ermel.

— Ah! mon lieutenant, ce n'est pas malaisé de toucher une cible, quand on a passé sa vie à tirer des bécasses et des perdrix comme nous faisions dans notre jeune temps.

La dernière expression du soldat fit sourire les vieillards, depuis Jean-François jusqu'au capitaine de vaisseau, qui avait déjà rempli et au-delà les conditions voulues pour obtenir la retraite.

Peu à peu la conversation revint sur la politique, fort grave question à pareille époque, surtout en Bretagne, où, dès 1788, des commotions successives avaient eu lieu tant à Rennes qu'à Quimper et dans plusieurs autres villes. Les événements commençaient à se presser et devenaient menaçants; Hilaire et M. de Kerfuntun n'avaient pas laissé que d'y prendre une certaine part; mais, après la condamnation du parlement par l'assemblée nationale, ils s'étaient retirés dans leurs terres, comme firent la plupart des gentilshommes du pays.

Cependant les clubs se formaient dans les villes, des écrits incendiaires circulaient dans les campagnes, tous les esprits fermentaient; le mois précédent, le roi, après une longue résistance, s'était vu contraint d'accorder son consentement à la constitution civile du clergé.

La présence de M. de Kerfuntun à Rosven se rattachait à ces faits qui présageaient tant de catastrophes. Et quoiqu'on ne sût pas bien ce qui se passait à Paris, on s'inquiétait, car chaque jour des nouvelles sinistres se répandaient de proche en proche.

Le bonhomme Jean-François ne s'alarmait de rien; — la province de Bretagne, à son dire, avait toujours été un peu remuante, et cette bourrasque-ci s'apaiserait comme les précédentes. Mais Armand, Hilaire, et surtout M. de Kerfuntun entrevoyaient des secousses plus terribles.

— Le Tiers-État avait porté la main sur le Clergé, le roi n'était plus libre de faire le bien, et déjà l'on persécutait en son nom les évêques et les prêtres qui s'obstinaient à distinguer la constitution politique de la constitution religieuse.

— Vains bruits ! disait Jean-François en secouant la tête.

Ermel, depuis longtemps, s'était remis à causer avec Francésa, que la discussion n'amusait guère.

A la ferme, comme au salon, les événements du temps fournirent matière à plusieurs dissertations animées ; cependant peu à peu les métayers prirent congé de Gavésio, leur amphitryon, et regagnèrent leurs demeures au clair de la lune. Dans le manoir, les maîtres et les domestiques étaient réunis et répondaient en commun à la prière récitée par madame Hilaire, née Louise de Kerfuntun.

Quand elle commença l'oraison accoutumée pour le roi et la famille royale :

— Plus posément, ma fille, dit la vieille châtelaine de Rosven.

Les domestiques remarquèrent que la *bonne femme* n'avait, de toute la soirée, prononcé que ce peu de mots, qui firent impression après les propos tenus à souper.

Les grâces implorées pour le roi et sa famille furent donc l'objet d'une prière que Louise articula lentement, car la bisaïeule le voulait ainsi. Puis on se donna le bonsoir, et chacun se retira dans sa chambre, les uns avec des pensées tristes comme des pressentiments de malheur ; les autres, tels qu'Ermel et Francésa peut-être, avec la satisfaction d'avoir passé une journée de bon temps.

De semblables journées devaient, hélas ! devenir de plus en plus rares, car les nuées révolutionnaires s'amoncelaient à l'horizon : l'orage se rapprochait, il allait envelopper dans son tourbillon tous les paisibles habitants du manoir et de la métairie.

II.

ADIEUX.

Trois mois se sont écoulés, on touche à l'année 1791. La vérité s'est fait jour jusque dans le manoir de Rosven, où M. de Kerfuntun a dû laisser sa fille Francésa sous la direction de la famille de La Faugerais. Il a bien fallu que le bonhomme Jean-François lui-même se rendît à l'évidence et renonçât à sa quiétude accoutumée.

Francésa n'eût pas été en sûreté dans la petite habitation de son père, modeste propriété sise à peu de distance du port de Lorient, où l'exaltation des patriotes était déjà en avance sur les décrets de l'Assemblée nationale.

On n'ignorait plus que des bandes d'*Amis de la Constitution*, après de furibondes déclamations contre les nobles oppresseurs et les prêtres insoumis, s'étaient jetées dans les campagnes, et tâchaient de s'y faire des partisans parmi les cultivateurs, qui d'abord restèrent neutres.

Durant cette première période, les manoirs et les gentilshommières avoisinant les villes coururent des dangers tels que les possesseurs légitimes jugèrent prudent de les abandonner. Un certain nombre émigrèrent ; quelques-uns ne craignirent pas de se retirer dans les villes même avec l'espoir d'être protégés par l'autorité municipale ; d'autres enfin se réfugièrent au cœur du pays, dans l'intérieur des terres, où les clubistes ne pénétraient pas encore.

Dès lors, parmi la noblesse, naguère si rebelle aux volontés de la cour, mais à présent en lutte ouverte avec la bourgeoisie, — dès lors, au fond des landes et des bois, s'organisa sourdement une vaste conspiration à laquelle s'était affilié M. de Kerfuntun.

Le chef de l'*Association Bretonne* était le fameux Armand Tuffin, marquis de La Rouarie, homme de passions ardentes et d'un grand caractère, dont la jeunesse avait été des plus orageuses. Les duels, les plaisirs, le jeu, les intrigues du monde y occupèrent une large place tant qu'il fut officier aux gardes-françaises. A la même époque il se montrait ennemi du gouvernement monarchique, et se rangeait parmi les plus opiniâtres frondeurs. Il conserva ses opinions exaltées même après sa subite conversion. Un jour, en effet, on apprit avec étonnement que La Rouarie venait de se faire trappiste. Mais la guerre de l'indépendance d'Amérique éclate ; les amis de l'ancien officier aux gardes l'arrachent à la solitude du cloître. Sous le nom de colonel Armand, il part avec Lafayette, et se distingue à la tête d'une légion de volontaires. De retour en France, La Rouarie se jette avec ardeur dans le parti de l'opposition bretonne ; il est un des douze députés envoyés à Paris, en 1788, pour y protester en faveur des privilèges de la province. A peine arrivé, il fut renfermé à la Bastille, ainsi que ses onze collègues.

Rendu peu après à la liberté, le marquis de La Rouarie accueillit ardemment la révolution de 1789 ; mais bientôt jugeant, avec la supériorité de son esprit, les tendances du mouvement général, il se convertit à la monarchie comme il s'était converti à la religion quelques années auparavant.

Le reste de sa vie fut consacré à l'expiation de ses erreurs.

Trois ans ne s'étaient pas écoulés qu'il embrassait avec une invincible ardeur le parti de la royauté. Il avait pris le temps de méditer dans la solitude sur les terribles événements qui ébranlaient la France ; puis, il avait étudié les lieux et les hommes, et jugeant des ressources que présentait la Bretagne, il résolut de devenir le centre et le point d'appui de la résistance contre-révolutionnaire. Sa position dans la province, la réputation de bravoure et d'habileté dont il jouissait, sa richesse, sa haute intelligence, sa puissante énergie, sa discrétion à toute épreuve pouvant aller jusqu'à la dissimulation, lui facilitèrent les moyens de jeter les bases de sa vaste entreprise.

Dès qu'il se sentit secondé par les plus audacieux gentilshommes de son parti, La Rouarie se rendit à Coblentz afin d'obtenir la sanction des Princes et de légitimer ainsi ses projets. Sur les bords du Rhin, il les vit accueillir avec une froideur marquée ; il ne se découragea point, revint en Bretagne et continua d'ourdir la trame de l'insurrection, allant de manoir en manoir, tantôt sous un déguisement, tantôt sous un autre, et ralliant chaque jour de nouveaux partisans.

M. de Kerfuntun secondait activement les efforts de l'habile conspirateur.

Hilaire accepta un rôle, mais son père et son aïeul ne se prononçaient point, ils laissaient agir avec craintes.

Trois mois de secousses presque continuelles avaient singulièrement modifié les idées du chef de la famille, désormais obligé de croire à la violence du désordre.

Un événement douloureux pour tous les habitants du manoir et des métairies força les plus incrédules à ouvrir les yeux. Le curé de Saint-Ermel était chassé de sa paroisse pour cause de refus de serment; une troupe de gens armés, ayant traversé le pays, mit un prêtre constitutionnel en possession de la cure.

L'église du bourg, à partir de ce moment, cessa d'être fréquentée ; pendant quelque temps la chapelle du manoir fut le lieu de rendez-vous des fidèles. Bientôt après l'on se crut obligé de renoncer au culte dans l'intérieur des habitations. C'était au sein des bois les plus épais que l'on célébrait les saints mystères. Les populations souffraient et se plaignaient : les pasteurs persécutés les exhortaient à la modération.

Cependant les sociétés des *Amis de la Constitution* prennent des arrêtés qui préludent aux horreurs du terrorisme; des visites domiciliaires sont ordonnées ; les clubistes décident qu'il *sera fait main basse sur les prêtres insoumis et les citoyens entachés d'incivisme.*

Vers la fin de décembre, la famille La Faugerais était encore réunie dans la grand'salle, où régnait la plus sombre tristesse; on avait renvoyé les enfants dans leur chambre, car leurs jeux bruyants fatiguaient les grands-parents, inquiets et affligés. Louise et Francésa se tenaient par la main; au moindre bruit les deux sœurs tournaient leurs regards vers la porte. Hilaire, violemment agité, se promenait à grands pas de long en large. A peine osait-on rompre un silence plus glacial que la bise qui soufflait au dehors.

Un coup de marteau retentit ; Armand, son frère le vicomte, Ermel et Hilaire prirent leurs couteaux de chasse ; quelques serviteurs se joignirent à eux. L'on savait que déjà plusieurs châteaux avaient été dévastés, on se tenait sur ses gardes.

— Ah ! mon Dieu ! s'écria Louise tremblante, pourvu que mon père n'ait pas fait de fâcheuse rencontre !

Francésa, pâle comme un linceul, serra plus fortement la main de sa sœur.

Enfin M. de Kerfuntun entra dans le salon. Ses deux filles poussèrent des cris de joie et se précipitèrent dans ses bras.

— Ah ! mon père, Dieu soit loué ! vous voici enfin, disaient-elles.

Mais les gentilshommes qui venaient d'ouvrir avaient hâte de savoir quelles nouvelles rapportait l'allié de leur famille. M. de Kerfuntun jeta sur une chaise son vaste manteau couvert de neige ; on vit une paire de pistolets à sa ceinture.

— Par ce temps-ci, on fait bien d'être armé jusqu'aux dents, dit-il. Les soi-disant patriotes commencent à nous traquer comme des bêtes fauves. Aux portes de Vannes, nous avons été attaqués par une population furieuse ; il a fallu nous ouvrir passage le pistolet au poing. Je me suis vu obligé de décharger mes fontes, et fort heureusement nous avons pu prendre le galop avant que je fisse usage de cette seconde paire.

— Qui donc était avec vous ? demanda Francésa tremblante des dangers que son père venait de courir.

— Dix gentilshommes et deux prêtres, répondit M. de Kerfuntun d'un ton qui ne permettait pas de lui demander plus de détails.

— Où vous êtes-vous séparés ? dit seulement Hilaire.

— Suivant nos conventions, nous nous sommes escortés les uns les autres ; les trois derniers m'ont laissé au bout de l'avenue et retournent chez eux à l'heure qu'il est.

Après quoi le nouvel arrivant attira son gendre dans l'angle de la croisée, et ils causèrent longtemps, à voix basse, de la conspiration La Rouarie.

Ermel s'était approché de Francésa.

— Au milieu de toutes nos douleurs, il en est pour moi une plus cruelle et plus poignante que toutes les autres, dit-il. Quand je songe que mon congé va expirer, qu'il faut partir et vous laisser ici, Francésa, tandis que la guerre civile est peut-être sur le point d'éclater, je déplore de ne point rester pour vous défendre.

— Qu'importe ma défense! dit la jeune fille, allez, mon ami, allez où vous appellent vos devoirs. Je voudrais déjà vous savoir arrivé sain et sauf à votre régiment.

— Le départ de mon oncle Michel et le mien feront un vide au manoir; j'aimerais mieux, si jamais il faut se battre, me battre pour mes foyers, à la tête de nos braves paysans.

Le capitaine de vaisseau, qui entendait, prit la parole en ce moment.

— Ermel, mon très-cher neveu, je crois que tu te mêles des affaires. Cela ne te regarde pas plus que moi. Il faut rejoindre ton régiment comme je rejoindrai mon port, et puis, à la grâce de Dieu!

— Oubliez-vous donc, mon oncle, ceux que nous laissons derrière nous! s'écria Ermel.

— Non! je n'oublie personne, mais je crois la résistance impossible en Bretagne; nos paysans sont honnêtes et braves, mais insubordonnés, incapables de se soumettre à un chef.

— Alain est un excellent soldat.

— Alain fait exception à la règle, les autres ne sont pas soldats du tout.

— Alain n'est pas le seul breton du régiment...

— Eh! que signifie le régiment!... Une fois façonnés à la discipline, ils sont tous parfaits soldats; la difficulté est justement de les façonner.

— Plût à Dieu encore que nos fussions en garnison à Rennes ou à Vannes! reprit Ermel sans continuer la discussion; mais à Pau, en Béarn, à deux cents lieues d'ici! Voilà ce qui me brise le cœur, Francésa. J'ignorerai jusqu'aux périls que courront mes parents et mes amis, je tremblerai sans cesse pour eux, je serai dans l'impossibilité d'accourir.

Le jeune officier n'avait plus le loisir d'être galant et complimenteur; sa causerie avec la jeune fille qu'il aimait, était, hélas! bien sérieuse, car ses regrets pour le foyer paternel augmentaient à mesure que les événements menaçaient davantage.

— Vous-même, Ermel, disait Francésa, vous allez traverser des pays où gronde l'émeute, soyez prudent, je vous en conjure.

— Ah! quand je serai seul!... dit le jeune homme en souriant, je me soucierai bien de leurs enragés!

— Ermel, vous avez tort de parler ainsi; nous, retirés ici, nous échapperons sans doute.

— Dieu le veuille!

— Vous, pour aller jusqu'à Pau, vous risquez de faire mille fâcheuses rencontres.

— Liront-ils dans mon âme? je porte leur cocarde et sers sous leurs drapeaux.

— Ils liront dans vos yeux que vous êtes fidèle au Roi, que vous n'obéissez qu'à regret aux décrets de l'Assemblée; ils vous traiteront d'aristocrate, et vous vous ferez gloire d'être gentilhomme!

Ermel ne put s'empêcher de sourire, mais bientôt il s'écria tristement;

— Ah! mon père, mon frère, mes sœurs et vous, Francésa, et mon vieil aïeul et ma bonne grand'mère, laisser ainsi tous ceux que je chéris, à la merci des brigands qui nous oppriment et nous dépouillent!

Le jeune homme s'abandonnait avec effusion à ces regrets exaltés; le capitaine de vaisseau l'interrompit:

— Tu exagères le mal, Ermel. Quelques accidents t'effraient....

— Ah! mon oncle, vous savez aussi bien que moi que les prêtres sont chassés de leurs paroisses, et que la persécution de la populace commence de tous côtés à la fois.

Le bonhomme Jean-François Bozec de La Faugerais restait calme; mais ses sourcils, blancs comme la neige, se fronçaient, il poussait de profonds soupirs.

Quant à la vieille châtelaine, elle écoutait avec plus d'attention ce qui se disait autour d'elle. Au moment du péril elle semblait retrouver les forces nécessaires pour le braver; elle ne restait plus étrangère à tout, comme aux temps où les esprits étaient tranquilles. Elle récitait son chapelet plus souvent que de coutume, et quoique silencieuse, elle était sur le *qui-vive*. Parfois elle sortait inopinément de son apathie; on aurait pu croire que ses sens étaient plus déliés que ceux de ses enfants, car elle était toujours la première à signaler un bruit extérieur, elle qui naguère passait des journées entières dans son fauteuil, sans avoir l'air de s'apercevoir de la présence de ses enfants.

Ce fut elle encore qui prit la parole pour dire:

— Un paysan vient de monter sur le perron, j'ai entendu des sabots.

La vieille dame ne s'était pas trompée. Armand fit ouvrir. L'instant d'après Pierre Gavésio rentrait avec lui dans le salon.

Le digne homme avait oublié ses préoccupations des mois précédents ; ce n'était plus de toitures en ardoises ou en chaume qu'il avait souci.

En vrai paysan, déjà rendu soupçonneux par les actes violents de la Révolution, il jeta autour de lui un regard de défiance, comme s'il eût craint la présence de quelque intrus dans le salon du manoir. Puis il s'approcha du fils aîné de la famille :

— Monsieur Armand, dit-il à voix basse, ce sera demain, à six heures et demie du matin, dans le bois de Rosven.

— Merci, Gavésio ; de qui le sais-tu ?

— De M. le curé en personne, qui a passé la nuit chez Jean du Gavre.

Le lendemain était dimanche ; il s'agissait de la messe.

Armand avertit ses fils et ses serviteurs, pour que chacun se tînt prêt à partir à six heures du matin, un heure avant le crépuscule.

Au milieu des bois de Rosven se trouve une clairière sablonneuse ou plutôt un monticule blanchâtre auquel le bois et, par suite, le manoir devaient leur nom ; car *Ros-Ven*, en langue bretonne, signifie tertre-blanc. Le tertre blanc, aride et nu, était une sorte de rond-point, où venaient aboutir une multitude de sentiers. Là, peut-être, dans des temps bien reculés, s'étaient célébrés les mystères du culte druidique ; mais il n'y restait aucun monument du passé, si ce n'est une simple croix de pierre élevée par les soins d'un Jean Bozec de La Faugerais, ancêtre direct du bonhomme Jean-François. Seulement le lieu était déjà en vénération dans la contrée avant de devenir le centre des rendez-vous des fidèles.

Une nuit profonde enveloppait encore les arbres verts et les vieux chênes dépouillés de leurs feuilles, lorsque, par tous les chemins, arrivèrent presque simultanément de nombreuses familles de cultivateurs. Le piédestal de la croix avait été converti en autel, deux fanaux répandaient une lueur mystérieuse sous les hautes futaies et réflétaient leur clarté sur la faible couche de neige dont le sol était couvert.

Un prêtre en habits sacerdotaux s'apprêtait à offrir le sacrifice ; le silence complet succédait au bruit des sabots et au murmure confus des voix.

Par l'un des sentiers apparut alors la famille de La Faugerais, suivie de ses domestiques, accompagnée par ses fermiers. Les paysans ouvrirent passage aux maîtres qui venaient se joindre à eux ; et comme si l'on eût été dans l'église paroissiale de Saint Ermel, le bonhomme Jean-François alla se placer en face de l'autel, ayant ses fils et ses filles autour de lui.

La cérémonie commença. Bientôt les chants pieux retentirent sous la voûte naturelle, et se mêlèrent aux sifflements d'un vent glacé qui grinçait dans les branchages. Hommes, femmes, enfants, agenouillés sur la terre gelée, unissaient leurs voix et leurs cœurs.

Les hymnes sacrés furent interrompus un instant par une courte allocution du pasteur banni de sa cure et de sa demeure. — Ses paroles furent des paroles de paix propres à calmer les esprits et à éloigner le jour d'une insurrection populaire. M. de Kerfuntun et Hilaire eussent préféré peut-être l'entendre prêcher dans un autre sens ; et pourtant ils l'admiraient remplissant son devoir de prêtre chrétien, exhortant au pardon des injures et employant son éloquence à la fois simple et puissante à calmer l'irritation de son troupeau.

Il est bien digne de remarque, en effet, que le clergé breton s'abstint de toute prédication hostile au pouvoir qui le persécutait ; pendant bien longtemps encore il contint ses ouailles ; mais le refus de serment était un acte qui parlait haut, et l'expulsion des prêtres non soumis, conséquence directe de ce refus, constitua certainement le grief le plus grave des paysans contre la Révolution.

D'un autre côté, La Rouarie ne jugeait pas que l'instant fût venu de soulever le peuple, et se préparait à retourner à Coblentz, afin d'y solliciter pour la seconde fois la sanction des princes, qu'il finit par obtenir. Or, à la fin de 1790, les conjurés se gardaient de laisser percer leurs projets. La résistance de la Bretagne n'était donc que de la force d'inertie, personne ne donnait l'impulsion ; les habitants des fermes et des manoirs se bornaient à offrir l'hospitalité à leurs anciens recteurs et à entendre les offices, tantôt dans des granges, tantôt dans des clairières isolées comme celle de Rosven.

A l'instruction du pasteur succédèrent de nouveaux cantiques répétés avec enthousiasme; puis, aux premières lueurs du crépuscule, les groupes de fidèles se reformèrent en ordre de marche, la foule se dispersa par tous les sentiers, et bientôt il n'y eut plus autour de la croix de pierre d'autre bruit que celui des feuilles sèches tourmentées par la brise du nord.

Aucun incident tragique n'avait troublé la célébration des saints mystères. Dans les campagnes, grâce à leurs précautions, les habitants pouvaient encore adorer Dieu suivant leur conscience, sans risquer d'être tout à coup traqués et fusillés par d'impitoyables cohortes.

On sait que plus tard les rassemblements des chrétiens bretons et vendéens prirent un autre caractère : on ne se cacha plus; ce fut en plein jour, à la face du soleil, que les ministres du Seigneur offrirent le sacrifice; un peuple en armes les entourait et les gardait. De vigilantes sentinelles étaient postées à toutes les issues des bois, et bien souvent de sanglants conflits suivirent de près les cérémonies sacrées.

— Il importe de ne pas confondre les époques. En Bretagne, après les premiers troubles, une sorte de trève tacite fut maintenue entre les catholiques et les révolutionnaires. Par politique, à la nouvelle des mouvements de Vendée, une tolérance surprenante remplaça les persécutions; la plupart des pasteurs rentrèrent dans leurs presbytères; l'autorité ferma les yeux et laissa hurler les patriotes; les cultivateurs s'apaisèrent; la noblesse, désespérant d'engager la lutte, se tint à l'écart. — Il y eut ainsi des intermittences dans l'effervescence des partis. Les rudes mais pacifiques laboureurs attendirent d'être poussés à bout.

Le capitaine de vaisseau Michel de La Faugerais, vicomte de Kerbozec, n'avait pas tort quand il traitait de chimère le projet de faire prendre les armes aux populations de la campagne. Le moment n'était pas encore arrivé où spontanément chaque ferme fournirait un contingent de soldats, où chaque champ se transformerait en un ouvrage fortifié dont les *fossés* seraient les remparts.

Au manoir, les opinions étaient bien divisées sur les chances probables d'un mouvement. Plus que jamais, il fallait prier; tous les cœurs le sentaient; la ferveur était générale parmi les vrais Bretons.

Aussi cette messe du bois de Rosven, imposante cérémonie populaire, fut-elle entendue et célébrée avec un recueillement plus profond, mieux senti qu'en aucun autre temps.

Quand le peuple invoqua par neuf fois la miséricorde

divine; quand il implora ensuite le secours de l'Agneau sans tache, quand il demanda le salut du Roi, chacun comprit la grandeur et la force des chants consacrés par l'Église.

Toutes les prières se confondirent en une seule prière, comme des parfums embrasés par le même feu se confondent en un seul parfum.

Pendant deux jours encore la famille La Faugerais a joui du bonheur d'être réunie ; mais les congés des deux officiers touchent à leur terme, et M. de Kerfuntun a de mystérieux motifs pour reprendre le cours de ses pérégrinations. De trop justes craintes agitent les cœurs ; la tristesse s'est accrue dans l'intérieur du manoir et de la métairie.

Michel de Kerbozec, le frère de lait du vieux fermier, va partir pour Brest ; Ermel, suivi du fidèle Alain Gavésio, doit rejoindre son régiment. M. de Kerfuntun a déjà remis en ceinture ses deux pistolets de voyage. Quatre chevaux attendent devant le perron. Une foule de paysans et de paysannes est assemblée dans la cour.

Lorsque le dernier repas eut été pris en commun, il était alors environ une heure après-midi, Madame Hilaire ayant récité les grâces d'une voix émue, on sortit de table.

Le chef de la famille, soutenu par Armand et Hilaire se leva et s'adossant à la grande cheminée, auprès de sa vénérable compagne :

— Michel, mon fils, dit-il, et toi Ermel, et vous Kerfuntun, car vous êtes aussi mon fils, approchez-vous !

Les trois gentilshommes s'avancèrent ; les jeunes femmes, les enfants et quelques domestiques formèrent un cercle silencieux. Armand et Hilaire étaient à droite et à gauche du vieillard, qui poursuivit en ces mots :

— Je touche au terme d'une longue vie, pendant laquelle j'ai fait mes efforts pour remplir les devoirs d'un gentilhomme et d'un chrétien. J'ai rencontré des jours de trouble, j'ai passé par de cruelles épreuves; mais des épreuves plus cruelles vous sont réservées, car jamais je n'ai vu, comme aujourd'hui, l'esprit du démon prévaloir contre l'esprit de Dieu, l'autel et le trône menacés, les impies marchant dans leur force, les prêtres obligés de se cacher dans les forêts, et le nom du Roi servant à couvrir des actes iniques.

Le patriarche fit une pause; l'on attendit avec un religieux respect qu'il continuât son discours.

— Rappelez-vous, mes enfants, les glorieux exemples de vos pères. N'ayez d'autres guides que la conscience et l'honneur! Jamais, sans doute, mes yeux ne te reverront, Michel! Que Dieu te garde des périls de la mer et de la fureur des hommes! J'ai le cœur rempli de sombres pressentiments; pourquoi les cacherais-je? Quand mes enfants s'éloignent et que j'ai déjà le pied dans la tombe, mon âme peut-elle n'être point triste! Et pourtant je suis le moins à plaindre, car j'espère être bientôt réuni à ceux qui m'attendent au ciel. Je ne demande que de reposer auprès de leurs cendres! Mais vous, mes enfants, l'avenir vous réserve d'affreux périls! Songez alors à mes paroles; mourez en soldats ou en martyrs. Ne fléchissez jamais! Ermel, tu es jeune encore. C'est à toi surtout que je m'adresse. Sois courageux et fort, mets ta confiance en Dieu, et ne fais point cas de la vie. La vie est peu de chose! Ermel, n'oublie point qui tu es, ni qui nous sommes!

Le jeune officier d'Artois se redressa fièrement; ses yeux pleins de feu rencontrèrent ceux du vieillard, qui fut touché de sa muette assurance.

— Bien! murmura-t-il. Quant à vous Kerfuntun, je ne

veux pas connaître vos desseins. Je les crois dignes de nous, il suffit! Vous avez donné à mon petit-fils l'aînée de vos filles. Vous confiez l'autre à la garde de mes enfants et de mes serviteurs. Elles seront bien protégées! Je ne vous dis pas un éternel adieu, à vous, mais vous allez courir des dangers. Recevez aussi ma bénédiction.

En achevant ces mots, le patriarche de Rosven étendit la main et prononça des paroles solennelles.

Tous ceux qui étaient présents dans la salle éprouvaient une profonde émotion ; l'on vit des larmes humecter les paupières arides du vieillard.

Alors Michel de Kerbozec et son neveu Ermel s'agenouillèrent devant la châtelaine douairière, la seule personne qui fût assise.

La pauvre femme essaya bien d'imiter la majestueuse gravité de son époux ; mais elle ne le put. Son cœur se brisa, des sanglots éteignirent sa faible voix ; seulement, on vit bien que, depuis quelques jours, elle songeait au départ de son fils et de son petit-fils, car il y avait déjà une semaine qu'aucun des serviteurs n'était allé à Vannes, et cependant elle avait préparé deux petites croix d'argent bénites par l'évêque ; c'était, comme on le sut, le fils aîné de Gavésio qui les avait achetées et fait bénir secrètement.

— Tenez! tenez! dit-elle. Adieu!

Elle embrassa Michel en pleurant, tandis qu'Ermel lui baisait les mains, puis aussi elle embrassa son petit-fils ; mais quand ils se furent relevés, elle témoigna par ses gestes le désir de quitter sa place.

Louise, Mélite, Francésa, s'empressèrent d'accourir.

— Mélite! je veux les voir partir, dit-elle.

Louise et Francésa allèrent recevoir les adieux de M. de

Kerfuntun, qui les invitait à être sans inquiétude. Mélite prépara la mantille et le manchon de sa grand'mère :

— Enveloppez-vous bien ! couvrez-vous. Mon Dieu ! il fait si froid ! disait la jeune fille qui joignait le geste à la parole et s'efforçait de mettre la vieille châtelaine en état de braver le vent glacial du dehors.

La bonne femme se laissait faire en étouffant ses sanglots.

Armand n'adressa que peu de mots à son fils Ermel ; le Bonhomme avait tout dit.

Les larmes, les baisers fraternels, les regrets, les souhaits et les paroles les plus tendres se confondirent en un bruit confus.

Ermel s'approcha de Francésa.

— Adieu ! ma sœur et mon amie, lui dit-il, n'oubliez pas celui qui voudrait vous donner un nom plus cher.

Francésa rougit sans répondre, mais elle tendit au jeune officier une main qu'il porta à ses lèvres. Louise était à côté de sa sœur :

— Plaise à Dieu, dit-elle, qu'il en soit ainsi !

Ermel et Francésa la remercièrent tous deux du regard.

On fut bientôt sur le perron, Jean-François était soutenu par Hilaire, la vieille châtelaine par Mélite et Armand. Il y avait déjà plusieurs années qu'elle n'avait ainsi dépassé le seuil de la porte, mais malgré la température glacée elle avait voulu assister au départ de ses enfants.

M. de Kerfuntun monta le premier en selle, après avoir encore embrassé ses deux filles.

Michel s'arracha des bras de son frère, et mit le pied sur l'étrier.

Ermel fut le dernier à descendre du perron, car ce n'était

pas sans peine qu'il avait pu se soustraire aux tendresses de Jean VII et de ses autres petits neveux.

Le quatrième cavalier était Alain.

A la ferme, comme au manoir, il y avait eu de longs et touchants adieux. Et le dernier épisode fut cette parole de Pierre Gavésio à son fils :

— Souviens-toi bien, mon gars, que ton père te commande de te faire tuer pour lui toutes fois et quantes qu'il en serait besoin.

— C'était déjà réglé l'autre fois, mon père, dit le soldat en montant à cheval.

Michel agita sa houssine, et après avoir encore fait un signe d'adieu à ses parents assemblés :

— Vive le roi ! cria-t-il, puis il piqua des deux.

— Vive le roi ! répétèrent les trois autres cavaliers et les femmes et les enfants.

Quand les chevaux eurent disparu dans les bois, le Bonhomme et la Bonne femme furent ramenés dans le salon.

Mais si la matinée avait été triste, bien plus triste fut la soirée dans le manoir de Rosven.

Au delà de la lande Sans-Fin, M. de Kerfuntun se sépara de ses compagnons pour s'enfoncer dans le haut pays.

A nuit tombée, le vicomte, le chevalier et Alain Gavésio entraient à petits pas dans la vieille cité de Vannes.

III.

COR ET VIOLON.

Le vicomte de Kerbozec, Ermel de La Faugerais et Alain Gavésio s'arrêtèrent devant une auberge de modeste apparence, située à l'entrée de la ville. Ils y trouvèrent leurs bagages apportés la veille par une charrette de la métairie. et y laissèrent leurs chevaux, qu'on devait venir reprendre le lendemain.

Avant le jour, deux voitures publiques partaient l'une pour Brest, l'autre pour Nantes; le capitaine de vaisseau profita de la première, le lieutenant d'Artois et son fidèle voltigeur montèrent dans la seconde. Les derniers adieux furent courts: un serrement de main, quelques mots partis du cœur, et tout fut dit. Ermel étouffa un soupir, s'enveloppa dans son manteau et resta plongé dans ses réflexions, tandis que la grossière patache qui l'emportait se dirigeait assez lentement vers la Roche-Bernard.

L'heure, les lieux qu'on traversait, la saison, tout était en harmonie avec les pensées du jeune voyageur. Une nuit encore épaisse, des landes décharnées, l'hiver, un vent triste roulant des tourbillons de neige, et, sur le sol, un vaste linceul mal borné par un brouillard humide, répondaient bien à l'état de son esprit. — Les images riantes sont cruelles à l'âme en deuil. Il ne faut ni soleil joyeux, ni bruyants éclats de joie, ni chants de bonheur à celui qui part plein d'inquiétude pour tous ceux qu'il aime. — Qu'il soit sombre, le jour où l'on perd de vue le clocher du hameau, et où l'on quitte le foyer paternel !

— Adieu, Rosven, berceau de mes pères! adieu, Bretagne! adieu, mon noble aïeul que je n'espère plus revoir! adieu, ma pauvre grand'mère, qui pleuriez sur vos enfants en les serrant dans vos bras! adieu, vous tous qui m'êtes chers !

Ainsi pensait Ermel, en pressant sur son cœur la petite croix d'argent que l'infortunée châtelaine avait passée à son cou. Tour à tour il s'adressait à chacun des membres de sa famille, à ceux qui étaient partis, à ceux, plus à plaindre peut-être, qui restaient:

— Comment son oncle Michel arriverait-il jusqu'à Brest? Pour y parvenir il devait traverser plusieurs villes où il serait nécessairement reconnu pour un officier de la marine appartenant à l'une des familles nobles du pays. Déjà le terrible *Ça ira* retentissait dans les rues de Lorient et de Quimper; déjà plusieurs fois les patriotes, quoiqu'ils n'eussent pas encore inventé le nom hideux de sans-culottes, avaient exercé d'affreuses vengeances particulières.

A Brest même, les autorités du port s'étaient vu menacer; l'on y avait promené des potences dans les rues, on les avait plantées devant les portes des chefs les plus estimés. La gloire n'avait pas trouvé grâce devant la lie de la populace. De vieux officiers, cent fois respectés par les boulets ennemis, avaient été outragés par des misérables sans aveu qui gardaient leurs sympathies pour les hôtes du bagne.

Ermel savait son oncle incapable d'une faiblesse, il étai plein de craintes. Ces craintes redoublaient s'il pensait à M. de Kerfuntun, membre actif d'une association secrète dont il était facile de deviner l'objet. Et alors le jeune lieutenant était ramené par une pente insensible dans le manoir de Rosven où parmi tant de têtes bien chères, il distinguait la charmante fille de l'aventureux conspirateur, Francésa, partageant les soins pieux donnés aux vieillards de la famille, Francésa, priant et pleurant avec ses sœurs, empressée, attentive, résignée comme l'ange de la souffrance et voilant sous un sourire les angoisses de l'amour filial.

Ainsi la tristesse d'Ermel se transformait en une mélancolie qui avait sa douceur. Car s'il n'est point, sur la terre, de bonheur sans mélange, de même il n'est guère de douleur si vive qui ne soit tempérée par une consolante pensée, — souvenir ou espérance, — brise du ciel qui rafraîchit l'âme altérée, ou rayon divin qui perce à travers les ténèbres du cœur.

D'ailleurs à l'âge du jeune officier, l'imagination est en pleine sève; les illusions s'emparent bien vite de l'aride terrain de la réalité; elles le fécondent et le métamorphosent.

L'on n'avait pas fait deux lieues qu'Ermel oubliait le présent pour un chimérique avenir. Le Roi triomphait de ses ennemis; la religion était raffermie sur ses bases, la paix régnait en France; les principes de liberté et d'égalité, appliqués avec sagesse, faisaient le bonheur de la nation, sans que la province de Bretagne eût perdu le moindre de ses privilèges. Ce n'était point tout : M. de Kerfuntun, non sans dangers, mais sain et sauf et couvert de gloire, était rentré dans sa gentilhommière des environs de Lorient où

Artois venait précisément de prendre garnison. Michel, élevé au grade de contre-amiral, commandait le port.....

Le soleil s'était enfin levé derrière le rideau de neige et de brouillard ; Alain observait le jeune lieutenant :

— Bon ! bon ! pensa l'honnête voltigeur, le mal du pays le quitte. On causera tout à l'heure.

Et en effet, Ermel ne tarda point à adresser quelques mots à son compagnon de voyage, qui laissait bien aussi derrière lui des parents, des amis, et même une *promise;* mais le soldat breton avait reçu la consigne de la famille Gavésio. La tristesse d'Ermel s'était calmée par degrés, la sienne ne pouvait durer davantage.

Pendant les premières journées de route, la sérénité du jeune gentilhomme se troubla souvent ; tout à coup un nuage passait sur son front, il soupirait et se détournait. Le serviteur alors se gardait d'interrompre sa rêverie, et se prenait à songer comme lui aux bois de Rosven, à la métairie, et à la fille de Jean du Gavre, Jeanne la brune, qui lui avait fait compliment de son uniforme de voltigeur.

Les voyageurs de la patache engagèrent de vives discussions politiques ; Ermel s'abstint d'y prendre part, quoique certaines professions de foi l'irritassent profondément, car elles le rejetaient dans ses préoccupations. Malgré l'impétuosité de son caractère, il se laissait aller à ses craintes, et bientôt il n'entendait rien de ce qu'on disait autour de lui.

A Nantes, Ermel et Alain passèrent inaperçus ; leurs feuilles de route étaient en règle, ils trouvèrent une voiture qui continuait vers le Midi et en profitèrent. Dans le Poitou, comme en Bretagne, les populations des villes s'agitaient et se passionnaient pour la révolution ; les gens des campagnes souffraient encore avec patience, et laissaient les curés assermentés s'établir par la force dans les paroisses veuves de leurs légitimes pasteurs.

Ermel de La Faugerais n'était guère à même d'observer convenablement l'état des esprits ; les pataches et carrioles qu'il prenait tour à tour ne s'arrêtaient que dans les villes où l'on arrivait à nuit close pour repartir au point du jour.

Cependant, faute d'occasion, il fallut attendre quelques heures à Niort ; les places étaient arrêtées, la voiture attelée se tenait devant la porte de l'auberge. Ermel se promenait dans la rue ; tout à coup il s'entend appeler par son nom.

— Voici, parole d'honneur ! une bien heureuse rencontre, mon cher La Faugerais, s'écria le nouveau venu qui portait aussi l'uniforme d'Artois.

— Prends-tu passage dans cette patache ?

— Précisément, mon congé finit dans huit jours, et il faut le temps de rejoindre le corps.

— En ce cas, mon cher Montreuil, nous ne nous quittons plus !

— Sans contredit !

— Et nous sommes en force, car j'ai avec moi mon brave Gavésio.

— Décidément, je suis né coiffé ! hier encore j'étais résolu à prendre la route de Poitiers. Que j'ai bien fait de changer d'avis ! Vive Artois ! mon cher, si quelque méchante affaire nous tombe sur les bras, on trouvera à qui parler.

Tout cela fut dit avec volubilité, au milieu d'un échange cordial de serrements de main.

Le chevalier de Montreuil, collègue et camarade d'Ermel, venait de quitter sa famille, établie dans un château des environs.

— On avait peur chez moi, mon cher La Faugerais ; figure-toi qu'on ne voulait pas me laisser partir. Moi, d'abord je ne connais que le service ; je leur ai dit de se tranquilliser, et me voici ! Vive le Roi ! et au diable les bonnets rouges ! Il est bien dommage, je t'assure, que Sa Majesté ne m'ait pas dans son conseil.

Les deux lieutenants parlaient haut, sans s'inquiéter d'être entendus.

— Je vous camperais à croix ou pile tous ces bavards d'avocats qui nous mettent dans le gâchis. Plût à Dieu que j'en fusse chargé avec une compagnie d'Artois. Ils n'auraient, j'en réponds, que le choix entre la porte et les fenêtres.

— Et la fédération, et le serment civique ? demanda Ermel en riant.

— Ah ! je m'en soucierais bien !

— Et M. Mirabeau ?

— Ne me parle pas de tous ces gens-là.

Déjà un attroupement de curieux se formait autour des deux officiers qui ne s'en apercevaient point.

Heureusement Alain vint les prévenir que la voiture était prête ; ils y montèrent. Des coups de sifflets et des huées se firent entendre.

— A bas les aristocrates ! cria une voix.

— Eh ! eh ! mes petits, voulez-vous que je descende ? repartit Montreuil en mettant la tête à la portière.

Une grêle de pierres assaillit la carriole. Montreuil voulut sauter à terre, Ermel le retint : — Fouette, cocher ! criait Alain Gavésio.

— Holà ! citoyens, cria un gros homme assis au fond de la voiture, il n'y a pas que des aristocrates ici dedans. Vive la Constitution !

Alain poussa le cocher, le cocher fouetta ses chevaux : Montreuil jeta un regard de mépris sur l'ami de la Constitution, qui fit semblant de ne pas s'en apercevoir. Après quoi les deux lieutenants reprirent leur conversation comme si de rien n'était.

Il y avait en tout six personnes dans la patache : une pauvre paysanne, qui tout à l'heure se mourait de peur, et un compagnon du gros patriote, comme lui grand admirateur des vainqueurs de la Bastille ; mais les deux officiers et Alain formaient une imposante majorité, si bien que les amis de la liberté furent obligés d'entendre tout ce que les jeunes gens, à l'envi l'un de l'autre, s'amusèrent à débiter contre la Révolution et ses partisans.

En arrivant à Saintes, Ermel et son camarade résolurent de fêter leur heureuse réunion par un petit souper qu'ils se firent servir dans leur chambre commune à l'auberge de la Tête-Noire. Quant aux deux patriotes, ils coururent au club, et moins d'une heure après, une foule compacte cernait l'auberge en chantant le *Ça ira !*

— A merveille ! dit Montreuil en riant ; — car nous voici justement au dessert ; si nous faisions notre partie ? Tu joues du violon, je crois ?

— Alain, mon violon ! dit Ermel.

— Moi, je saisis mon cor ; nous allons rire !

Les deux instruments furent bientôt d'accord, et Ermel ayant donné le ton, ils préludèrent tout doucement.

— *Ah ! ça ira ! ça ira !* faisait le cor.

Le violon reprenait ensuite : — *Ah ! ça ira !* etc...

— *Presto ! forte !* Ensemble ! dit Ermel.

Les lieutenants en gaîté s'étaient fait allumer un tel feu qu'il devint nécessaire d'entr'ouvrir la fenêtre.

Au son des instruments, la populace ameutée fit silence. Mais après quelques reprises, les deux amis s'interrompirent pour jouer *amoroso :* — *Ça ne durera pas toujours !...* air fort en vogue parmi les aristocrates.

— Écoutez ! écoutez ! silence ! disait le gros patriote en s'adressant à la foule.

Le *Ça ira* fut repris avec vivacité par le violon et le cor, puis le séditieux refrain aristocrate revint, aux grands éclats de rire des deux étourdis. Dès que leur hilarité se calmait, ils recommençaient leur jeu.

— Entendez-vous ? s'écriaient les patriotes de la voiture.

La populace irritée se précipita sur la porte de l'auberge en hurlant.

— A bas les aristocrates ! à la lanterne !

Ermel et Montreuil ne se doutaient pas encore qu'on les écoutât ; aux cris furieux de la multitude ils s'arrêtèrent. L'hôtelière tremblante entrait dans la chambre.

— Ah ! Messieurs ! par pitié ! s'écria-t-elle ; vous allez faire piller ma maison.

— A mort ! les aristocrates ! répétait la multitude ave rage.

Alain venait de fermer la fenêtre.

— Ne sera-t-on plus maître de faire de la musique chez soi ? dit Montreuil en égouttant son cor.

Un bruit épouvantable de cailloux lancés, de vitres brisées et de coups redoublés de marteau ébranla l'auberge de la Tête-Noire.

— Ah ! Messieurs ! qu'avez-vous fait ? murmura l'hôtelière avec l'accent du désespoir.

La position des deux lieutenants d'Artois était critique ; les patriotes qui, de Niort à Saintes, avaient fait route dans la carriole, excitaient le peuple ; les vociférations et le tumulte allaient croissant.

— Madame, dit Ermel, avez-vous réglé notre compte ?

— Ah ! Messieurs ! de quoi me parlez-vous ? Que faire mon Dieu !

— Mon ami, dit Montreuil, payons largement, et mettons-nous en défense.

Le maître de l'auberge apparut au moment où les deux officiers faisaient retirer de leurs valises des pistolets qu'Alain chargea aussitôt avec les munitions de chasse de Montreuil.

— Messieurs, je vous en supplie, dit l'aubergiste, ne causez pas ma ruine! je viens d'envoyer chercher un officier municipal de mes amis ; vous sortirez par la porte de derrière sous l'escorte de quelques gendarmes.

— C'est-à-dire, mon cher hôte, que vous nous faites arrêter.

— Franchement, dit Ermel, nous nous reprocherions d'avoir fait mettre la maison au pillage.

— Vous serez sauvés, reprit l'hôtelier; mais si vous vous faites massacrer ici, qu'y gagnera votre opinion? Je ne dis pas de mal des royalistes, Messieurs; mais ne résistez pas davantage...

L'hôtesse se jeta aux pieds des deux jeunes gens, et joignit ses supplications à celles de son mari.

— J'aurais cependant voulu montrer à cette canaille comment deux officiers d'Artois savent se battre! répéta Montreuil.

— Monsieur Ermel, disait Alain de son côté, je suis prêt à me faire hâcher ; il me semble ; pourtant, que si nous partions, ça vaudrait mieux.

Les officiers, quoique à regret, se laissèrent mener à la porte de derrière, où arrivaient en ce moment l'officier municipal et les gendarmes requis par l'aubergiste. Ils venaient de sortir, l'épée au côté, le pistolet à la main, quand la porte principale fut enfoncée.

— Où sont-ils? où sont-ils? criaient les patriotes.

— Force est restée à la loi ! ils sont arrêtés ! dit l'hôtelier qui s'élança au-devant de la multitude. — Voyez plutôt ces gendarmes !

Le peuple aperçut, en effet, à l'autre bout de la place, un peloton de maréchaussée qui emmenait Ermel, Montreuil et Alain à la maison commune.

— A bas les aristocrates ! à bas les nobles ! les ennemis de la liberté ! crièrent deux ou trois garçons d'écurie que l'hôtelier poussait dehors.

En même temps ils s'élancèrent à la poursuite des gendarmes, la foule les suivit ; l'auberge tout à l'heure assiégée fut abandonnée ; la populace se rua du côté de l'hôtel-de-ville.

Grâce à l'avance qu'avaient les agents de la municipalité, les deux officiers et leur serviteur se trouvaient à l'abri lorsque les clubistes arrivèrent à la porte de la maison commune. La garde avait pris les armes et faisait bonne contenance. Il était déjà tard : les plus prudents émeutiers se retirèrent ; mais les deux patriotes qui soulevaient la lie du peuple se montraient les plus ardents.

— Nous voulons entrer et porter témoignage contre les aristocrates, criaient-ils.

Ermel et Montreuil protestaient ; ils consentirent à montrer leurs papiers, et déclarèrent qu'ils voulaient continuer leur route. Par bonheur l'officier municipal n'était pas un exalté ; au lieu de faire abus de pouvoir, il tâcha de calmer l'irritation de Montreuil, toujours prêt à se porter à quelque acte de violence.

— Messieurs les officiers, disait-il, mon devoir est de prévenir un conflit, prenez patience, je vous en prie.

— Nous relevons de l'autorité militaire, disait Ermel, et

n'avons consenti à vous suivre que pour préserver notre aubergiste de la fureur de cette canaille.

— J'ai tenu compte de cette modération, reprenait l'adjoint, veuillez vous fier à moi ; laissez-moi arranger les affaires.

Les formes bienveillantes et polies de l'agent municipal obtinrent ce qu'il n'eût pas obtenu par la force, Montreuil lui-même se calma.

En même temps on fit entrer les deux patriotes, et l'adjoint se mit au balcon, d'où il engagea les citoyens à se disperser en disant que justice serait faite.

— Ces aristocrates ont tenu des propos abominables à Niort, criait le gros voyageur, ils ont failli nous faire lapider ! — Et tout le long de la route, reprenait l'autre, ils ont injurié la Constitution !

L'adjoint, après avoir conduit les officiers dans la pièce contiguë, recueillit les dépositions avec gravité, promit qu'il en serait référé à qui de droit, affecta de partager l'irritation des deux révolutionnaires, qui, à vrai dire, eussent mérité d'être arrêtés et punis comme fauteurs du désordre, puis il les congédia.

Au milieu de la nuit, Ermel et Montreuil partirent dans une voiture préparée pour eux, et le lendemain on fit courir le bruit qu'ils étaient conduits de brigade en brigade jusqu'à leur régiment.

Ainsi leur folle équipée, grâce aux précautions de l'aubergiste et à la sagesse de l'adjoint, n'eut pas de conséquences fâcheuses ; mais à la même époque, des bravades moins téméraires amenèrent souvent des dénouements tragiques. Les gentilshommes, les militaires surtout, se faisaient une sorte de point d'honneur de heurter de front les préjugés révolutionnaires. Dans toutes les villes de garnison il se passait des scènes analogues à la précédente. La haine du peuple, incessamment aiguillonnée et mal contenue par l'autorité civile, éclatait de toutes parts. Bientôt l'existence des officiers fut intolérable. En même temps les meneurs travaillaient activement les esprits des soldats et surtout des sous-officiers ; les actes d'indiscipline devenaient fréquents. Enfin les nouvelles politiques étaient de nature à exaspérer la partie de la noblesse encore présente sous les drapeaux. La lutte était flagrante.

Aux premiers succès de la Révolution, ceux qu'on flétrissait du nom d'*aristocrates* répondirent par des sarcasmes et du mépris. Ils ne craignirent pas d'envenimer la querelle; mais s'ils eurent quelques torts, ils les expièrent cruellement. Leurs dédains furent punis comme des crimes; les échafauds se dressèrent, et la France fut inondée de leur sang.

IV.

L'ÉMIGRATION.

Ermel et Montreuil, rendus circonspects par leur mésaventure de Saintes, arrivèrent à Pau sans autre accident. Ils y trouvèrent leur régiment dans un état complet de désorganisation ; ils s'en doutaient. Alain reçut l'ordre d'aller aux informations. Il n'eut pas de peine à savoir que la plupart des officiers avaient donné leur démission et passé la frontière ; mais que le capitaine des voltigeurs, duquel Ermel relevait directement, était encore en ville. Ce capitaine se nommait d'Amblemont : c'était un homme droit, généralement estimé de ses camarades, d'un caractère énergique, et capable, en un mot, d'inspirer une entière confiance.

Les deux lieutenants résolurent de se présenter chez lui quand la nuit serait venue. Alain les conduisit, car le voltigeur réglant sa conduite sur celle de son jeune maître, n'était pas rentré à la caserne.

Dix heures sonnaient quand ils frappèrent à la porte du vieil officier.

— Qui vive ! dit ce dernier sans ouvrir.

— Amis! La Faugerais, votre lieutenant, et Montreuil, arrivant de congé.

— Êtes-vous seuls ?

— Il y a encore avec nous Alain Gavésio, dit Ermel.

— Attendez un instant.

On entendit quelque bruit à l'intérieur, après quoi le capitaine d'Amblemont ouvrit. Ermel fit signe à Alain d'attendre au dehors. Le capitaine témoigna aux jeunes officiers le plaisir qu'il avait de les revoir, mais on avait tout autre chose à se dire que des lieux-communs de politesse. Il était convenu d'avance qu'Ermel prendrait la parole :

— Capitaine, dit-il enfin, nous ne serions pas venus à pareille heure, si notre visite n'avait d'autre objet que de faire acte de présence.

M. d'Amblemont regarda tour à tour les deux lieutenants et se croisa les bras sur la poitrine.

— A mesure que nous approchions de Pau, poursuivit Ermel, nous apprenions chaque jour des nouvelles plus alarmantes. On nous a dit hier qu'Artois était en quelque sorte désorganisé, que tous les officiers supérieurs ont abandonné le corps, et qu'il n'y a plus vestige de discipline dans les rangs de nos soldats.

Ermel fit une pause comme pour obtenir une réponse ; le capitaine fronça les sourcils et dit simplement : — Eh bien ?

— Eh bien, reprit Ermel, s'il en est ainsi, nous venons vous demander un conseil.

— Voyons, dit le capitaine.

— Devons-nous rester au corps ou abandonner le service, essayer de rentrer dans nos foyers, ou émigrer, comme ont déjà fait tant de nos collègues ?

— Messieurs, la question que vous m'adressez est grave;

il ne m'appartient pas de la résoudre. Le meilleur guide d'un gentilhomme doit être sa conscience. Faites ce que vous croyez de votre devoir.

— En temps ordinaire, capitaine, s'écria Montreuil, notre conduite serait tracée; à présent, nous sommes fort indécis. Si nous restons au régiment, nos soldats, dit-on, méconnaîtront notre autorité; nous risquons d'être obligés de prendre part à des actes révolutionnaires; le Roi n'est plus maître; et, pour tout dire, je suis bien déterminé à ne plus servir ceux qui l'oppriment.

— Je crois impossible, ajouta Ermel de retourner dans ma famille; ce n'est pas sans peine qu'avec nos feuilles de route nous sommes arrivés jusqu'ici.

— C'est-à-dire, Messieurs, que vous êtes tentés d'émigrer?

— Oui, capitaine, répondirent à la fois les deux jeunes gens; et c'est pourquoi nous venons vous demander votre opinion.

D'Amblemont baissa la tête et resta quelques minutes dans cette attitude méditative. Les deux officiers se regardaient à la dérobée, éprouvant également des émotions pénibles.

— Mon Dieu! s'écria enfin le capitaine, faudra-t-il donc que j'assume sur moi la responsabilité de leur conduite! — Mais vous êtes encore au service, s'écria-t-il.

— Nous sommes prêts à vous remettre nos démissions.

— Savez-vous qu'une fois au delà de la frontière, vous serez considérés comme traîtres à la patrie?

— Capitaine, s'écria Ermel, je sais que la religion est persécutée, que le Roi est en péril, que la noblesse est menacée par la plus vile populace. S'il nous était possible de rentrer dans nos foyers, pour les défendre jusqu'à la mort, nous y volerions; mais la route nous est fermée: le centre de la résistance est au delà du Rhin depuis que les princes ont quitté la Savoie. Eh bien! allons les rejoindre. Je crois qu'en agissant ainsi, loin de trahir la patrie nous la servons!

— Votre détermination était donc prise quand vous êtes entrés chez moi? demanda le capitaine.

— Non! répondit Ermel, nous doutions encore, mais votre silence nous a prouvé qu'on ne doit plus compter sur Artois pour défendre la monarchie. Notre devoir est donc de rejoindre ceux qui veulent rendre à la France la religion et l'honneur!

— Bien dit! s'écria Montreuil; par conséquent, vu l'urgence, je me borne à me démettre de ma lieutenance entre vos mains, et j'émigre!

— Écrivez! dit le capitaine, il faut que vos démissions soient données par écrit.

— A quoi bon! nous sommes censés en congé, et puisque nous n'attendrons pas la réponse du ministre, autant vaut ne rien écrire.

— Comme il vous plaira! dit M. d'Amblemont.

— Eh bien! capitaine, adieu, s'écrièrent alors les deux lieutenants.

— Attendez! dit l'officier, et lisez ceci.

Ermel lut à haute voix une lettre que le capitaine d'Amblemont lui tendait.

« En l'absence de toute autorité militaire supérieure, et
» attendu que je veux renoncer au service, je remets ma
» démission à M. F***, capitaine au régiment d'Artois, qui
» voudra bien la faire parvenir au ministère de la guerre. »

A cette lettre d'envoi était jointe une démission en forme.

— J'ai voulu faire les choses le plus régulièrement possible, dit le vieil officier. Quand vous êtes entrés, mes amis, j'achevais mon porte-manteau, que j'ai caché avant d'ouvrir. Je pars cette nuit même ; j'ai eu soin de régler d'avance les affaires de la garnison, dont j'étais devenu commandant en l'absence de tous les officiers supérieurs ; voici des plis qu'on trouvera ici demain, et que mon hôtesse fera nécessairement remettre à leurs adresses respectives. Voici le compte de la bourgeoise. Je suis en règle. En ce moment, j'attends un guide sûr qui m'amène un mulet ; je vous offre de profiter de l'occasion.

La proposition fut acceptée avec reconnaissance.

Une heure après, les trois officiers, le fidèle Alain Gavésio, et un muletier biscaïen traversaient le Gave ; ils se dirigeaient à grands pas vers la frontière espagnole. La petite troupe était vaillamment armée et bien déterminée à repousser la force par la force ; le guide promettait, du reste, qu'il la mènerait par des chemins détournés, où l'on ne courrait aucun danger de la part des patriotes, ni de la maréchaussée. Toutefois, il n'avait point caché que le commencement du voyage serait dangereux ; il ne répondait de rien avant d'être arrivé au point où la route s'engageait dans la montagne.

— Là, disait-il, on trouverait à chaque instant des défilés étroits où cinq hommes déterminés pourraient soutenir le choc d'un escadron.

— A Dieu ne plaise ! murmura le capitaine, que nous soyons réduits à cette extrémité ! Mais en tous cas, Messieurs, je compte sur vous !

— On ne se rendra pas ! c'est convenu, dit Ermel.

— Une carabine, une paire de pistolets et une bonne épée ! ajouta Montreuil, je réponds qu'ils ne m'auront pas vivant.

Alain se contenta de frapper sur la crosse du fusil qu'il portait en bandoulière. Le muletier biscaïen fit claquer sa langue pour presser le pas de la mule chargée du bagage des gentilshommes.

— Seigneurs cavaliers, pas d'engagements inutiles, dit-il un moment après. Fiez-vous à un vieux contrebandier, et laissez-moi vous diriger en cas de surprise.

— Nous obéissons au capitaine, dirent Ermel et Montreuil.

— Et moi, reprit d'Amblemont, je serai prudent à ta fantaisie.

On marchait en silence. Alain suivait de près le muletier, qui ouvrait la marche avec sa bête de somme; d'Amblemont et les deux lieutenants venaient ensuite. On n'échangea plus un mot; Montreuil lui-même était devenu sérieux, et pensait tristement qu'il rompait avec son avenir militaire, sa famille et sa patrie. Ermel, en allongeant le pas, s'abandonnait aux mêmes réflexions qui l'avaient tant affecté lors du départ de Vannes. Quant au soldat breton, il prêtait l'oreille au vent de la nuit, et du regard il essayait de percer l'obscurité.

L'on ne saurait dire qui, du muletier ou du voltigeur, crut le premier reconnaître un bruit lointain.

— Chut! fit le Basque.

— Halte! dit Alain au même instant.

— Par là! et à plat ventre, ne soufflez pas! ajouta le guide en montrant aux voyageurs quelques touffes de broussailles.

Le capitaine d'Amblemont donna l'exemple, ses compagnons l'imitèrent.

— Visitons nos amorces et attendons!...

A peine les quatre militaires étaient-ils cachés dans l'ombre, qu'ils entendirent retentir les grelots de la mule que le Biscaïen venait d'attacher à leur place ordinaire; puis il entonna d'un ton nazillard une longue chanson basque.

— Si ce gaillard-là nous trahit, dit Montreuil, mon premier coup est à son adresse.

— Il a peut-être envie de nous voler ! dit Ermel.

— Qu'il s'en avise, pensa le voltigeur.

— Silence, Messieurs ! commanda tout bas le capitaine. Ecoutez ! la terre frémit.

Le bruit se rapprochait ; le muletier continuait à chanter à pleins poumons, sans presser sa mule ; mais dès que la troupe de cavalerie fut en vue, il fouetta sa bête et prit le pas de route.

— Qui vive ! cria une voix.

— *Amigo !* répondit le Biscaïen.

— Avance, et fais-toi reconnaître.

L'ancien contrebandier obéit tranquillement.

— Qui es-tu ? d'où viens-tu ? où vas-tu ? demanda impérieusement le brigadier qui commandait le peloton de gendarmes à cheval.

— Je suis Antonio Muniz y Bayen ; je viens de Pau, je vais à Tolosa, dit le muletier dans un jargon mêlé de basque, d'espagnol et de français.

— Et que portes-tu là ?

— De la contrebande française, seigneurs cavaliers.

Les gentilshommes étaient émerveillés du sang-froid de leur guide, qui répondait en riant aux questions des gendarmes.

— Mais n'est-ce pas plutôt de la contrebande espagnole ? Tu vas à Pau, coquin, et tu auras tourné bride en nous entendant venir ?

— Vous pouvez me visiter, dit tranquillement le muletier en feignant d'allumer une cigarette. J'aurai le temps de fumer un morceau de papier. Ce gros paquet-là est du drap ; celui-ci est de la mousseline.

— Bien ! tu m'as l'air d'un hardi gaillard.

— J'ai un coup d'eau-de-vie de France à votre disposition, seigneur soldat, dit le muletier en offrant au gendarme sa gourde de voyage.

— Par ce froid-ci ce n'est pas de refus.

Le cavalier but, ne se soucia pas de fouiller le bagage du prétendu contrebandier et lui souhaita d'échapper aux douaniers espagnols.

— Ah ! ah ! ils peuvent graisser leurs guêtres ! s'écria le Basque. Antonio Muniz sait son petit métier, grâce à Dieu. Et les gendarmes s'étant remis en marche : — Bon voyage, la compagnie, ajouta-t-il.

Le peloton de ronde passa tout près du buisson qui cachait les fugitifs. Antonio Muniz poursuivait sa route en sens contraire, mais le son des grelots retentissait au loin. Alain se glissa jusqu'au bord du chemin.

— On ne les voit plus, dit-il.

Cinq minutes après, le capitaine d'Amblemont et ses jeunes camarades avaient rejoint leur guide, qui détacha les sonnettes du cou de sa mule, et, laissant la grand'route sur la droite, s'engagea dans un défilé pierreux en disant :

— Seigneurs cavaliers, ici nous sommes chez nous.

On n'était cependant pas même à deux lieues de Pau, et, par la route la plus courte, on en avait encore près de quinze à faire dans un pays de montagnes escarpées, à travers des chemins détestables qu'un bandit était seul capable de connaître.

Le muletier, qui tout à l'heure avait si bien payé d'audace, entama sans plus tarder la conversation avec Alain. A son exemple, les officiers rompirent le silence.

— En vérité ! dit Montreuil, je suis fort de l'avis de ce bon Ésope à qui l'on demandait où il allait et qui répondit :

— Je n'en sais rien ! Hier encore je ne me doutais guère que je me rendais en Espagne.

— Nous n'y sommes pas encore, dit tristement le capitaine.

— Pour ma part, répliqua Ermel, j'ai maintenant pleine confiance dans notre guide. C'est un garçon adroit qui nous mènera à bon port.

— Croyez bien, mes amis, reprit le capitaine, que je savais d'avance à qui je m'adressais. Antonio Muniz m'est connu depuis longtemps.

— Comment cela? demandèrent les deux lieutenants.

— Il y a quatre mois, vous étiez encore en congé; moi j'avais suivi la destinée du régiment, j'arrivai donc à Pau non sans inquiétude, car je prévoyais qu'il faudrait en venir au point où nous en sommes. Le colonel et la plupart des officiers supérieurs nous quittaient successivement, les uns pour se rendre à Paris, les autres pour émigrer par mer ou par les frontières du Nord ; je résolus dès lors de me ménager des relations dans la montagne, tout en me précautionnant d'ailleurs, comme vous allez le savoir. Je me mis donc à étudier le pays, sous prétexte de chasser ; je m'aventurai seul dans les gorges et les défilés que nous traversons. Souvent je rencontrais des figures patibulaires, et plusieurs fois j'eus l'occasion de me mettre sur la défensive. Mais mon costume était d'une extrême simplicité, et, d'ailleurs, je faisais bonne contenance; les bandits ne se risquèrent pas à m'attaquer de près. J'entendis bien siffler quelques chevrotines à mes oreilles, et un autre peut-être se fût laissé dégoûter par ces démonstrations peu amicales; moi, j'avais mon projet, je continuai mes promenades, je fréquentai de plus en plus les passages déserts, j'allais demander l'hospitalité dans les cabanes isolées, je fus bientôt connu ;

j'ai appris quelques mots de basque ; j'abordais volontiers les gens de mauvaise mine, je causais avec eux.— Un jour, j'entends échanger des coups de fusil, j'accours, nos douaniers livraient combat à une troupe de contrebandiers ; ces derniers avaient perdu la partie quand je parus. Antonio, que voilà, était assez grièvement blessé et prisonnier; on voulait le conduire à Pau, où il eût été jugé et condamné inévitablement. Je me fis connaître comme capitaine commandant la garnison, et tant par mes paroles que par des moyens plus persuasifs j'obtins des douaniers qu'ils relâcheraient leur prisonnier, qui, de son côté, me jura de renoncer à la contrebande. Je me chargeai de lui, je le menai dans une cabane des environs, je visitai sa blessure. Un vieux soldat sait au moins faire le premier pansement. Le lendemain, j'amenai avec moi notre aide-major ; je revins trois jours de suite à la case, où je veillai à ce que mon protégé fût bien soigné. Je cherchais un homme, je l'avais trouvé ; Antonio me devait sa liberté, sa santé, sa vie peut-être. J'ai vu plus tard que c'était un brave garçon, hardi, prudent, dévoué. Il s'est fait muletier sur les entrefaites; à chacun de ses voyages à Pau, il venait me voir. Maintenant vous comprenez pourquoi j'ai tant de confiance en lui, malgré sa mine de coupe-jarret.

— Je vois, capitaine, que vous avez prévu les choses de loin ; si le reste de vos plans est aussi bien calculé, nous pouvons être sans inquiétudes.

— J'ai pris toutes les précautions possibles ; j'ai réalisé en or tout mon petit avoir, et je compte sur Antonio pour me guider jusqu'au port de mer le plus convenable ; mais ce ne sera pas chose facile.

— Oh ! une fois en Espagne ! s'écria Ermel.

— Vous oubliez, reprit le capitaine, que nous n'avons ni

passe-ports ni feuilles de route. De l'autre côté de la frontière nous serons des déserteurs et des vagabonds, qu'un alcade mayor craintif pourrait faire ramener en France.

— Ah! par exemple, s'écria Montreuil.

— Sans moi, vous étiez fort aventurés? dit le capitaine. Nous sommes entourés de périls; mais au moins, dans l'état actuel, nous en éviterons quelques-uns. Vous, mes amis, vous vous seriez jetés tête baissée dans les piéges qu'on ne manque pas de tendre à nos pareils au delà des Pyrénées.

Antonio et Alain commençaient à s'entendre à merveille, le Basque et le Breton, tous deux hommes du peuple, se jugeaient et s'appréciaient en se racontant leurs anciennes relations avec les gentilshommes qui suivaient.

Le soldat était d'une taille moyenne, carré, marchant d'un pas ferme, et portant son fusil de gros calibre avec une facilité parfaite. Avant de partir de Pau, il avait aidé à descendre la valise du capitaine et à charger le mulet, Antonio avait pu le voir alors. L'apparence vigoureuse du Bas-Breton, sa figure honnête, calme, et pourtant bien caractérisée, lui avaient plu.

Le muletier n'avait pas fait précisément le même effet sur le voltigeur, dont le défaut ou la qualité dominante était une extrême défiance, car la franchise des Bretons ne les empêche pas d'être soupçonneux : — prudence est, dit-on, mère de sûreté.

Les yeux petits et vifs, les traits anguleux, la barbe noire et touffue, le teint basané et l'allure du Basque qui, du reste, n'avait guère plus de trente ans, bien qu'il s'intitulât *vieux contrebandier*, enfin son long silence au début du voyage, ne disaient rien de bon au fils de Pierre Gavésio. L'ensemble lui rappela même certains mulâtres de Saint-

Domingue, qu'un an auparavant il rencontrait quelquefois au bout de son canon de fusil. Mais la conduite du muletier lors de la rencontre des gendarmes avait fait disparaître les préventions d'Alain, qui prenait plaisir à vanter son maître, — ce qui amenait l'autre à raconter en son patois comment le capitaine d'Amblemont l'avait tiré des griffes des gabelous. On n'a guère idée du jargon hybride qu'employaient les deux interlocuteurs ; un fait certain, c'est qu'ils se comprenaient à ravir et causaient à cœur-joie, tandis que les officiers s'entretenaient de leurs projets, calculaient leurs ressources et reconnaissaient les difficultés de toute espèce qu'ils auraient à surmonter pour arriver jusqu'à Coblentz.

D'Amblemont, qui avait longuement calculé les chances de réussite, doutait du succès ; Montreuil était plein d'une confiance aveugle; Ermel, dont le caractère tenait le milieu, craignait et espérait tour à tour. S'il y avait eu lieu à discussion, il aurait sans contredit voté pour d'Amblemont, et cependant, en cas d'événement, il eût agi sans doute comme son jeune camarade. Heureusement les deux lieutenants voyaient dans le vieil officier un chef direct et un Mentor auquel ils devaient obéir sans délibérer.

Au lever du soleil, le temps était sec et froid ; l'âpre brise des montagnes fouettait les voyageurs au visage. Ils grelottaient, et avaient un égal besoin de repos et de nourriture. On ne se parlait plus, on souffrait, on marchait,

Antonio abandonna le lit d'un torrent, dans lequel on cheminait depuis près de quatre heures, et monta sur un plateau dégarni d'arbres.

A gauche, à l'est, se dressaient des crêtes encore plongées dans l'ombre; mais à travers des coupées gigantesques roulaient des flots de lumière qui argentaient les cimes du couchant. — Le Pic-du-Midi, qui apparaissait aux confins de l'horizon, surgissait blanc de neige au-dessus des vapeurs légères flottant dans les vallées. D'un côté du torrent desséché sortait une immense forêt d'arbres d'hiver qui bornaient la vue dans la direction du nord ; — car elle s'adossait à une pente rapprochée que les voyageurs laissaient maintenant derrière eux. De l'autre côté du torrent était le plateau, où l'on fit halte un instant.

Antonio s'orienta, et quoiqu'il n'y eût plus de chemin frayé autour de lui, sa décision fut bientôt prise.

— Encore une demi-heure de marche, nous serons à l'abri.

On s'engagea dans un désert pierreux, qui rappelait par la nature du sol certaines parties de la Bretagne ; et peu après on fut au pied d'une hauteur boisée, où le guide découvrit non un sentier, mais une piste. Enfin, après bien des difficultés on parvint à une espèce de cabane, devant laquelle s'arrêta le muletier.

— Qui frappe ? demanda une voix rude :

— Antonio Muniz y Bayen !

— Il y a longtemps qu'on ne t'a vu ! dit le gardien de la hutte isolée ; on nous disait...

— Ouvrez, maître ! ouvrez ! nous causerons dedans.

Celui qu'Antonio venait d'appeler maître fit glisser un verrou et parut un instant sur le seuil ; mais à peine eut-il aperçu les quatre voyageurs qu'il poussa un cri terrible :

— Alerte ! à la trahison !

Il n'avait pas achevé que cinq ou six hommes de mauvaise mine se pressaient autour de lui et mettaient en joue les compagnons d'Antonio.

Alain, Ermel, Montreuil, le capitaine d'Amblemont, armèrent leurs carabines.

— Ah ! fils du démon ! criait en langue basque le maître

de la hutte, tu as vendu nos secrets. On me l'avait bien dit. Tu vas payer cher...

— Au nom de la Sainte-Vierge! pour l'amour de Dieu, écoutez-moi! interrompit Antonio qui croisa les bras sur sa poitrine.

Il s'était placé en avant de sa troupe, et par ses gestes, plus encore que par ses paroles, il s'efforçait d'apaiser les bandits de la montagne; ceux-ci le tenaient en joue et répétaient :

— Tu avais juré, misérable, de ne jamais conduire ici que des frères!.... Tu vas mourir!

V.

LES CONTREBANDIERS.

Les habitants, ou plutôt les hôtes de la hutte isolée n'étaient autres que des contrebandiers, naguère les compagnons et les complices d'Antonio Muniz y Bayen ; mais d'après leurs statuts, nul ne pouvait faire connaître qu'à de nouveaux adeptes, qu'à des frères, les postes établis dans les montagnes, pour servir à la fois de gîtes et d'entrepôts. Ils durent naturellement prendre pour un traître un des leurs apparaissant à la tête d'hommes armés et revêtus de costumes à peu près militaires.

Antonio, du reste, était déjà suspect ; depuis trois mois, il ne se montrait plus ; on savait qu'il s'était fait muletier, on le traitait de lâche ; de là au rôle d'espion il n'y a qu'un pas.

Les farouches coureurs d'aventures n'étant guère dans l'usage de parlementer, une collision sanglante semblait inévitable. — Un cri, un cliquetis de mousquet, les deux pelotons furent en présence.

Les gestes suppliants d'un ancien camarade, jadis estimé pour son adresse, retardèrent la fusillade d'une seconde seulement; mais cette seconde suffit pour qu'une femme se jetât hors de la cabane en criant :

— Ne tirez pas ! Antonio n'est pas un traître, — je l'ai toujours dit ! Expliquons-nous.

L'audacieuse montagnarde, qui s'interposait de la sorte, avait à peine vingt-un ans. Elle venait d'être réveillée en sursaut, ses grands cheveux noirs flottaient au gré du vent sur ses épaules de bistre. Cependant, elle avait pris le temps de s'envelopper dans une vaste cape d'étoffe grossière et de s'armer d'un coutelas qu'elle brandissait avec feu, en disant :

— Mais, si par malheur il a trahi, j'ai juré qu'il ne mourrait que de ma main !

En même temps elle se plaça près du muletier; puis d'un ton impérieux, elle lui ordonna de parler :

— Eh ! mon Dieu ! Dominika, dit Antonio, voilà tout ce que je demande.

S'adressant alors au chef de la bande, qui était toujours retranché dans la baraque, le muletier exposa en peu de mots l'objet du voyage des officiers français.

— Je dois la vie à l'un d'eux, ajouta-t-il, et je pensais que mes frères ne leur refuseraient pas l'hospitalité.

— Et qui me prouves que tu ne mens pas? demanda le maître d'un ton un peu moins rude.

— Oh ! par exemple, mon père, s'écria Dominika en riant, n'êtes-vous donc pas content de ce qu'il vous dit?

D'Amblemont quoi qu'il sût quelques mots de basque, n'était pas encore très-rassuré, lorsqu'Antonio l'invita tranquillement à se reposer dans la cabane.

Ermel, Montreuil et Alain se rapprochèrent alors; les contrebandiers allèrent au-devant d'eux; les figures les plus sombres se déridèrent.

— Peste ! vous êtes vif, notre maître, dit Antonio au contrebandier en chef ; comment avez-vous pu me croire capable de vendre mes frères ?

— On ne te voit plus ! tu es parti, l'autre jour, sans dire où tu allais, tu as refusé trois commissions !

— J'ai quitté Saint-Vincent dimanche, parce que le capitaine ici présent me demandait. On dirait que vous ne savez rien de ce qui se passe dans le plat-pays.

— On en causera, dit le chef de la bande.

— On en causera, reprit Antonio ; mais voyez-vous, nous avons couru toute la nuit, et voici quatre braves qui ont besoin de se reposer, faites-leur faire place.

Tout cela se disait en langue basque ; toutefois il était facile de voir que les contrebandiers étaient dans des dispositions favorables.

— Voici qui ressemble terriblement à un coupe-gorge, murmura Montreuil.

— Capitaine, dit Ermel, il ne faudra dormir que d'un œil chez de tels hôtes.

— Je crois, mes amis, que le plus rude moment est passé ; n'allons pas faire injure à ces montagnards par nos défiances. Antonio, pourtant, aurait dû ne pas nous exposer à l'aventure de tout à l'heure.

Le muletier, entendant prononcer son nom, se retourna vivement :

— Sans contredit, capitaine, dit-il, mais je ne me doutais pas de leurs soupçons. Et puis, de toutes façons, il valait mieux aller droit : fin contre fin use la doublure. Si je vous cachais d'abord, en vous annonçant ensuite, on ne m'aurait pas cru ; les camarades seraient sortis, vous auraient cherchés, dépistés, canardés sur place, et j'aurais été pris pour un traître par tout le monde.

— Allons ! très-bien ! dit le capitaine en entrant.

Le poste des contrebandiers était construit dans une sorte de fond, choisi de façon que du plateau inférieur, non plus que des hauteurs voisines, on ne pouvait rien apercevoir. Les troncs des arbres faisaient office de pieux ; à hauteur d'homme, on avait établi une toiture en branchages, recouverte de terre, de mousse et de broussailles, qui allaient se perdre en mourant jusqu'au ras du sol. Vu d'en haut, le tout avait l'aspect d'une anfractuosité comblée par des feuilles entassées. Les terrains enlevés formaient tout autour un rempart habilement dissimulé.

Il n'y avait en réalité qu'une face qui ressemblait à une construction humaine; c'était un mur de troncs reliés entre eux par de la terre pétrie, dans lequel étaient ménagées deux ouvertures, une porte basse et une étroite lucarne. Encore cette unique muraille, qui regardait le couchant, était-elle masquée par des terrassements plus haut qu'elle, par des buissons et par une triple rangée d'arbres. Au devant s'étendait une petite clairière de dix à douze pieds de rayon, qu'un douanier aurait pu traverser sans se douter de la proximité de la hutte. Pour découvrir un pareil terrier, il fallait avoir passé sa vie dans les montagnes et connaître intimement, pour ainsi dire, tous les taillis, tous les arbres, tous les rochers. Aux alentours, pas un sentier frayé, pas une trace, car en temps de neige les contrebandiers se hissaient de branche en branche, ne posant le pied que sur les verglas ou sur les pierres balayées par la brise.

La petite clairière, n'avait enfin rien de remarquable. Aucun indice n'y révélait la présence de l'homme ; la hache n'avait rien abattu ; on aurait dit seulement que la tempête y avait passé, cassant et déracinant çà et là quelques pins desséchés ou quelques arbustes maladifs.

En entrant dans le repaire des contrebandiers, d'Amblemont et ses compagnons furent étonnés de le trouver très-spacieux ; et cependant l'obscurité les empêchait de voir jusqu'où s'étendaient les cavités souterraines, encombrées de ballots de toute espèce. Dans un coin, sous une espèce de fourneau de campagne, brûlaient à petit feu quelques poignées de charbon de bois. Il ne fallait pas qu'une colonne de fumée pût être vue de l'extérieur, aussi le tuyau du fourneau tirait fort peu, s'arrêtait à la hauteur de la toiture, et remplissait plutôt les fonctions d'une bouche d'air que celles d'une cheminée. Une triple couche de suie couvrait la surface de tous les objets renfermés dans la hutte.

Les Basques, en général, sont d'une grande propreté ; l'antre des contrebandiers faisait exception à la règle. — Cependant les lits de mousse et de feuilles sèches qui furent offerts aux voyageurs, étaient vraiment appétissants.

Ermel, Montreuil et d'Amblemont confièrent leurs armes à leur guide et s'endormirent. Alain se coucha aussi, mais à côté de son fusil ; il essayait de voir et d'entendre en feignant de dormir.

Le chef de la bande, celui qu'Antonio avait qualifié du titre de *Joan*, c'est-à-dire de maître et de seigneur, le *Sire*, le *Dominus*, le *Senhor* de l'endroit, Andres Mutilla, pour l'appeler par son nom, s'était enfin approché du muletier, et lui avait cordialement serré la main.

Après avoir servi aux contrebandiers subalternes un déjeûner plus que frugal, accompagné d'une large portion de vin de Peralta, Dominika vint s'asseoir familièrement à côté d'Antonio ; sa voix, maintenant douce et rieuse, se mêla bientôt aux voix plus graves des deux autres personnages. Quant aux simples compagnons, la plupart s'étaient noué en ceinture de longues pièces d'étoffe rouge, dans laquelle ils enfoncèrent leurs pipes, leurs bourses et leurs couteaux affilés ; puis ils s'armèrent simplement de longs bâtons ferrés en néflier rouge, et saluant le maître ils sortirent. Ceux qui restaient se couchèrent sur les ballots, fumèrent quelques cigares de la Havane, et s'endormirent paisiblement.

Rassuré par ce qu'il voyait, Alain se résigna bravement à fermer les paupières si bien qu'un moment après, les contrebandiers basques purent apprécier à sa valeur le timbre des ronflements harmonieux d'un voltigeur bas-breton.

— Eh bien, mon père, avais-je tort? disait la belle Dominika, j'étais sûre qu'il reviendrait !

— Oh ! oh ! Et ce beau serment !... et ce couteau de tout à l'heure !...

— Je suis Basquaise, répliqua la jeune fille.

— Et tú avais peur pour ton mariage.

— Ah çà, demanda Antonio, y aurait-il du nouveau à Saint-Vincent?

— Non, grâce à Dieu, répondit le père de Dominika, rien, puisque tu es honnête, mais depuis dimanche ton frère José ne cesse de trembler, tantôt de crainte, tantôt de rage.

— Quoi ! lui aussi a pu douter ! Voyez-vous, seigneur Mutilla, vous gardez mes hôtes, vous êtes le père de la fiancée de José, je suis content ! mais vous auriez mérité que je vous....

La pantomine du muletier compléta mieux encore sa pensée qu'un mot intraduisible en français, et qui correspondrait à la longue périphrase : *que je vous poignardasse avec ce couteau.*

— C'est vrai ! il y a du sens dans ce que tu dis là, mon garçon, mais si l'on a eu tort de te soupçonner de trahir, ce n'est pas une raison pour ne point parler de nos affaires.

— Eh bien ! parlons-en tranquillement, dit Antonio.

— Depuis trois mois, tu ne parais jamais qu'un ou deux jours à Saint-Vincent, puis tu pars sans rien dire, tu vas à Tolosa, tu vas à Pau, tu y passes des semaines entières.

— Puisque je suis muletier, s'écria Antonio.

— C'est ce que je disais aussi, ajouta Dominika.

— Mais d'où vient cette tristesse qui te prend dès que tu arrives? Tu vas voir José, tu viens nous dire quelques mots, puis tu t'éloignes; tu es ombrageux comme un cheval sauvage! On ne te voit ni à la danse, ni au jeu de paume.

Antonio baissa la tête et poussa un soupir.

— Pourquoi! s'écria-t-il enfin, parce que je n'ai qu'une parole.

Le chef et sa fille se demandaient l'explication de ces mots.

— Moi! maître, je suis contrebandier dans l'âme; j'ai commencé à l'âge de quinze ans; il y a quinze ans de cela, vous le savez! Quand je vois partir une troupe, le bâton ferré à la main, avec ses crampons et ses ballots; quand je pense à la guerre des bois, aux dangers de la montagne, aux douaniers français ou espagnols, race maudite! — quand je me rappelle qu'ils ont tué Pidrillito, mon second frère et Gracieusa, ma *maïthagorria* (1), mon cœur se gonfle et je pleure.

Antonio avait baissé les yeux; sa main posée sur un ballot d'étoffes s'y enfonçait convulsivement.

— C'est un si beau métier! murmura-t-il.

— Et tu as juré de ne plus le faire?

— Vous l'avez dit! maître! Dans les chemins en poussant ma mule, j'oublie cela; je chante, je suis gai, tant que je n'aperçois ni frères ni ennemis. Puis, si je monte à Saint-

(1) Ma bien-aimée.

Vincent, vous y êtes tous ; nuit et jour on ne songe qu'à l'affaire, le commerce va ! Que voulez-vous ? je suis tenté comme par le démon. — « Antonio Muniz, me dit l'un, le » maître expédie cette nuit un chargement à la tour de » Roland, nous sommes vingt braves, veux-tu venir ? » — « Antonio, me dit un autre, il y a un poste de douanes sur » le Gave de Pau, viens nous aider à leur faire prendre » fausse piste ! » — « Antonio, l'on cherche un chef de » bande pour descendre à Pampelune ! » José lui-même ne sait pas mon secret.

— A qui donc avez-vous juré de renoncer au métier ? demanda la jeune fille.

— A mon sauveur ! au capitaine ! reprit le muletier en montrant d'Amblemont.

— C'est fâcheux ! murmura Andres Mutilla ; mais pourquoi ne pas le dire plus tôt ?

— J'avais honte ! Et puis tant qu'il a été à Pau, je ne voulais pas parler de lui. Il est noble en France.

— Tous les Basques sont plus nobles que lui ! dit le chef contrebandier avec orgueil.

— Et les nobles, dans les villes de France, sont persécutés maintenant, poursuivit Antonio, parce qu'ils restent fidèles à leur roi.

— Nous sommes d'Espagne ; mais si nos frères, les Basques de France, nous appellent à leur secours.

— Oh ! interrompit Antonio, l'on n'a pas encore touché à leurs libertés à eux ; on veut seulement changer la coutume des partages.

— Et veut-on aussi changer le chemin du soleil ? demanda ironiquement le vieux contrebandier.

Il n'est pas au monde de peuple plus aristocratiquement constitué que celui du pays basque, sur l'un comme sur l'autre versant des Pyrénées. La ligne politique, qui tranche en deux sa nationalité, n'a pas entamé le caractère des habitants. Qu'il soit de la Soule ou du Labourd, de la Navarre ou de la Biscaye, tout Basque est fier de son origine, qui se perd dans la nuit des temps. Il se rit de la noblesse du plat-pays, dont la généalogie remonte à peine à quelques siècles ! « Nous autres, dit-il, nous ne datons plus ! »

Nulle part l'aîné de la famille, — fille ou garçon, car la loi salique n'est pas en vigueur chez les Basques, — nulle part l'aîné n'a des droits plus exclusifs et ne jouit de plus grands priviléges. Il prend d'avance le titre d'héritier. Son mariage est une affaire diplomatique ; pour le choix d'une alliance, l'héritier d'un trône n'est pas tenu à plus de réserve. Si l'aîné de la maison contracte un mariage d'inclination contraire non à la volonté, mais simplement aux intentions de ses parents, il perd aussitôt tous ses droits d'aînesse, dont le frère ou la sœur puînée est appelé à jouir.

Cette vieille coutume qui n'a point fléchi sous l'empire du code civil, contribue singulièrement à entretenir parmi les Basques le goût ou plutôt la nécessité des émigrations lointaines, et les pousse au delà des mers.

En 1791, il devait être inconcevable pour un montagnard pur sang, qu'une assemblée de législateurs pût penser à modifier un usage ayant force de loi dans le pays depuis l'antiquité la plus reculée. Antonio Muniz y Bayen, basque biscaïen de naissance, mais fixé dès sa jeunesse dans le bourg de Saint-Vincent, en Navarre, Antonio avait été l'héritier de sa famille. D'après le vœu de son père, il avait recherché en mariage une Basquaise du bourg, Gracieusa, qui lui fut fiancée, et périt frappée par la balle d'un douanier. Antonio abdiqua peu après ses droits en faveur de son troisième frère, José; car Pidrillito, le second, avait aussi péri dans un engagement contre les agents du fisc et de la gabelle.

José, jeune et alerte contrebandier, jouteur renommé, danseur fameux, et plus célèbre encore comme joueur de paume, était donc l'héritier présomptif de la famille Muniz y Bayen. Il était fiancé à Dominika; mais si Antonio avait déshonoré son nom par une lâcheté, jamais le vieux chef de bande n'eût consenti au mariage.

Après une longue digression politique, Antonio Mutilla revint sur cette idée :

— Tu es honnête, grâce à Dieu! dit-il, mais si tu avais trahi, tu étais mort. Nous ne voulions plus de ton frère...

— Et moi, Antonio, dit la jeune fille, si j'avais eu le malheur de vous trouver coupable, je vous tuais! je l'avais juré.

— J'ai vu votre petit couteau, répliqua le muletier en souriant.

— Alors, continua Andres, la guerre s'allumait entre nous et ton frère.

La *vendetta* existe au pays basque tout comme dans l'île de Corse.

— Parlons plutôt de la noce, interrompit Antonio; se fera-t-elle toujours la semaine qui vient?

— J'en doutais hier, je l'espère à présent. Il faut seulement faire avertir ton frère, tout en écoulant nos marchandises. Ce tas est pour la France, nous y sommes; celui-là est pour l'Espagne, nous y serons bientôt.

— Parfaitement, dit le muletier. Et à cette heure, maître, faites préparer le déjeûner de nos hôtes. Ils avaient froid et besoin de repos; mais ils avaient aussi une faim française.

— A leur réveil, s'écria la jeune fille, je leur promets un repas de rois.

— Maintenant, Antonio, dors aussi, dit Andres Mutilla; — moi, je veille. Dominika ne perdra pas son temps.

Le guide se glissa entre deux balles, l'une de mousseline, l'autre de tabac, pendant que Dominika ravivait le brasier de la cahutte.

Le chevalier de Montreuil, Ermel de La Faugerais et Alain Gavésio étaient en voyage depuis plus de dix jours; — ils avaient déjà passé deux nuits sans sommeil; — une marche forcée des plus pénibles, dans un chemin grimpant et rocailleux, sur le verglas, par un temps glacial et un vent de gelée, avait achevé de les harasser; — enfin le plus âgé des trois n'avait pas vingt-cinq ans. Il n'y a pas d'émotion qui tienne devant tant de causes réunies. Ils dormaient à faire envie au plus paisible des rentiers.

Le capitaine d'Amblemont s'éveilla le premier; c'était inévitable. Il jeta un regard sur ses jeunes camarades, puis il se mit à examiner l'intérieur du poste des contrebandiers.

Andres Mutilla, le maître, était assis à califourchon sur un mauvais banc de sapin en face de la lucarne; il fumait et fredonnait.

Dominika venait de faire toilette : elle avait relevé ses beaux cheveux noirs sous un foulard de couleurs éclatantes, flottant en pointe, le reste de son costume était noir, mais d'étoffes riches et d'une coupe qui faisait valoir une taille élancée, une allure vive et souple, des mouvements gracieux. L'alerte jeune fille, rendue toute joyeuse par l'espoir de voir se réaliser bientôt ses projets d'union, pensait à José, en préparant pour les voyageurs un repas appétissant à tous égards. Elle étendit avec soin sur une table massive qui occupait le milieu de l'espace libre, une nappe d'une étincelante blancheur. Des couverts d'argent, des verres d'une exquise netteté ressortaient sur le fond enfumé.

Dans le repaire des bandits, la jolie Basquaise et la table si proprement servie donnaient lieu à un piquant contraste.

Un jambon de Bayonne trônait majestueusement au centre d'assiettes chargées de figues, de raisins secs et de châtaignes préparées par Dominika elle-même. Un vase encore posé sur le fourneau laissait deviner quelque brouet montagnard.

— Allons! assez de sommeil! s'écria le capitaine en éveillant ses camarades. Notre charmante hôtesse nous ménage une surprise!

A la voix de leur doyen, les jeunes officiers se jetèrent bas de leur couche de feuilles sèches.

Andres Mutilla et Antonio s'avançaient vers eux. Cinq minutes après, les talents culinaires de la fiancée étaient appréciés par les convives en parfaite connaissance de cause. Les verres se remplissaient d'un *rancio* digne d'éloges. L'espèce de *gaspacho* qui servait de potage, rehaussé par un filet de vinaigre et répandant un fumet tentateur, obtint un incontestable succès. Une conversation animée s'engagea aux deux bouts de la table.

Antonio et Alain trinquaient ensemble.

Le maître contrebandier et sa fille s'ingéniaient pour aller au-devant des désirs de leurs hôtes : ils étaient attentionnés et prévenants, ils s'abstinrent de toute question indiscrète. Ils pratiquaient ainsi un usage sacré dans les montagnes du pays basque. Si les officiers n'eussent point parlé de leurs projets, il n'en aurait pas été question ; mais le capitaine d'Amblemont, vers la fin du repas, demanda au guide quelles étaient ses intentions pour la continuation du voyage.

Antonio soumit la question à Andres Mutilla.

— Seigneurs chevaliers, dit le maître, ce soir, si vous voulez, nous partirons; et si vous consentez à accepter notre escorte, je réponds que vous arriverez sains et saufs à St-Vincent.

L'essentiel était de passer la frontière; les émigrants acceptèrent la proposition, et l'on parlait encore des chemins à prendre, des rencontres possibles et du temps que l'on espérait avoir, lorsqu'un peu de bruit se fit entendre à l'extérieur. Andres saisit son fusil et se plaça en observation, il poussa bientôt un cri de plaisir. L'un des contrebandiers partis à la pointe du jour avait rencontré José Muniz; il le ramenait.

Le fiancé fut au comble de la joie quand on l'eut instruit du rétablissement de la bonne intelligence entre son frère et le père de Dominika; le maître s'avança vers les officiers et les convia au mariage de sa fille.

— A Saint-Vincent, poursuivit-il, vous serez entourés d'amis; ma maison tout entière est la disposition de vos seigneuries.

L'après-midi fut consacré à de nombreux préparatifs; une foule de contrebandiers arrivaient au poste, prenaient les ordres du maître, se chargeaient et repartaient. Les officiers s'applaudissaient de leur bonne fortune; José se tenait à l'écart avec Dominika; Antonio et Alain s'utilisaient de leur mieux. Une masse prodigieuse de ballots disparut en quelques heures.

Quand la nuit fut venue Andres Mutilla donna le signal du départ. Sur le plateau situé au bas de la hauteur boisée, une troupe de contrebandiers armés et chargés attendaient l'arrivée du maître et des voyageurs. La caravane s'engagea bientôt dans des sentiers difficiles, en se dirigeant vers le Pic du Midi.

Quelques jeunes gens porteurs de légers ballots éclairaient la marche; ensuite, à distance raisonnable, venait une file d'hommes pliant sous le faix des marchandises françaises qu'il s'agissait d'introduire en Espagne. Puis s'avançaient Andres Mutilla et sa fille, accompagnés par José, que sa qualité de fiancé n'exemptait pas de la corvée commune. Antonio conduisait sa mule; Alain et les trois officiers suivaient de près. Une arrière garde de hardis compagnons se tenait prête à jeter le cri d'alarme en cas de surprise.

En résumé l'on évacuait le poste provisoire et l'on allait à la noce.

Les bandits réfractaires protégeaient les gentilshommes, qui, par un sentiment d'honneur et de fidélité, brisaient leur avenir et abandonnaient leur patrie. Celui qui naguère faisait jurer à un vétéran du métier de renoncer à la fraude, cheminait escorté par une tribu de fraudeurs, ennemis mortels du fisc et de ses lois, animés par l'amour du gain et la soif du péril. Le chef des bandits de la frontière, tout en dirigeant sa formidable escouade, veillait à la fois au salut des fugitifs et aux chastes amours de sa fille. Il était prêt à commander le meurtre des infortunés douaniers espagnols ou français qui, d'aventure, exécuteraient leur consigne en lui barrant le passage; il était prêt à défendre jusqu'à la mort les proscrits devenus ses hôtes; d'ailleurs il faisait office de bon père de famille, et quoiqu'il eût sur l'épaule une carabine maintes fois homicide, archibourrée à balles et dont il caressait amicalement la crosse, il souriait aux épanchements de ses enfants avec autant de complaisance que le plus inoffensif des citadins. Les affaires domestiques et les affaires du commerce peuvent, on le voit, marcher de front.

Il y eut une fausse alerte, l'avant-garde se replia sur le corps de bataille. Andres dispersa ses bandits en tirailleurs, visita ses amorces et se disposa à faire feu.

Un moment après le digne homme donnait à sa fille les plus sages conseils.

— Ta mère, disait-il, était une bonne chrétienne, une femme discrète et soumise; elle a fait le bonheur de ma jeunesse! Quand je partais pour la frontière, elle priait Dieu de m'avoir en sa sainte garde! Et je sais qu'elle a récité bien des chapelets pour son mari en temps de grandes tournées. Prends la pour modèle, Dominika, tu seras heureuse et José aussi:

Dominika et José répondaient sur le même ton.

Si la contrebande est une violation des lois, si elle porte préjudice à l'industrie, si elle fait tort à toute une classe laborieuse de fabricants, d'ouvriers, de cultivateurs ou de commerçants, nos compatriotes, — si elle procure un gain illicite, — si elle est une fraude et une faute par conséquent, pourquoi tant de gens honnêtes et probes à tous égards ne savent-ils pas résister aux séductions du bon marché et ne se contentent-ils pas des produits nationaux? Leur nombre égale à peu près celui des citoyens de tous les pays pourvus d'une ligne de douanes. Ils ne se font pas le moindre scrupule de consommer des objets introduits en contrebande, — quelquefois grâce à l'assassinat d'un pauvre agent de la douane. Ils ne trouvent pas qu'il y ait le plus petit mal à frustrer le Trésor d'un impôt légalement dû. Eh bien, ne sont-ils pas, de fait, les complices des contrebandiers, comme les receleurs sont complices des voleurs? N'ont-ils pas à se reprocher d'avoir encouragé tous les actes, même les plus violents, au moyen desquels les marchandises prohibées ou frappées d'un droit ont été mises en circulation? On pourrait, en saine logique, les accuser d'un peu de vol et d'un peu de meurtre; et pourtant que d'excuses ils ont à faire valoir!

Quant aux contrebandiers, ils ont été élevés dans le mépris et la haine des lois prohibitives, ils obéissent à des instincts développés par une éducation pratique de chaque jour : le douanier est leur ennemi naturel, — et il y a des acheteurs au delà de la frontière. La contrebande, enfin, est pour eux la profession héréditaire; à leurs yeux la guerre aux agents du fisc est une guerre légitime. Du reste, ce douanier qu'on va tuer tout à l'heure, soit en guet-apens, soit en bataille, on ne voudrait pas lui arracher un cheveu s'il n'était pas en exercice. Il fait faction, c'est un obstacle, on le renverse. Par quelle fatalité cet obstacle est-il une créature raisonnable revêtue d'un habit vert! Et voilà comment un franc contrebandier peut être en même temps un fort bon père de famille, tel, par exemple, qu'Andres Mutilla.

Du reste, les contrebandiers basques, comme tous leurs compatriotes, sont hospitaliers à l'extrême; la personne de l'hôte est inviolable. Aussi, lors même qu'Andres Mutilla n'eût pas été ce qu'il était, les émigrés français, en devenant ses commensaux, cessaient évidemment de courir aucun danger de sa part ou de celle de ses compagnons.

La caravane atteignit l'extrême frontière vers quatre heures du matin.

— Nous sommes en Espagne! dit le chef.

— Bien! bien! s'écrièrent les bandits, qui redoublèrent de vigilance; car ils n'étaient chargés cette fois que de marchandises françaises.

D'Amblemont et ses amis s'arrêtèrent au seuil de la patrie.

— Vive le Roi! s'écria le capitaine.

— Vive le Roi! s'écrièrent Ermel et Montreuil.

Alain porta la main à son bonnet de police. Il y eut un moment de silence religieux et pénible. Mais l'impression que ressentaient les émigrés eût été bien autrement douloureuse s'ils s'étaient trouvés seuls.

Antonio, son frère José, Andres Mutilla et Dominika répondirent au cri militaire et français des officiers par le souhait espagnol :

— Que Vos Grâces aillent avec Dieu!

Après quoi l'on reprit le pas de route. Peu à peu les deux fiancés se remirent à deviser gaîment. Alors Montreuil qui entendait leurs rires étouffés et le bruit confus de leurs tendres causeries, se tourna vers ses compagnons et dit :

— Ah çà, camarades! à bas la tristesse! Oubliez-vous donc que nous allons à la noce.

C'était là un trait de l'esprit français; Ermel répondit en riant. Le capitaine d'Amblemont n'était pas homme à se laisser abattre, il eut un sourire pour ses jeunes amis.

Tous trois espéraient d'ailleurs que leur absence serait de courte durée, et qu'ils rentreraient en France, sous le drapeau blanc, par la frontière du Rhin.

Andres Mutilla, qui dirigeait la marche, ayant fait tourner les avant-postes des douanes espagnoles, on découvrit au point du jour le hameau de Saint-Vincent, suspendu comme un nid d'aigle aux flancs des Pyrénées.

VI.

LE PAYS BASQUE.

Le petit village de Saint-Vincent, qu'on aperçut au détour d'un dernier sentier contournant un précipice, est bâti sur le versant méridional de la montagne de même nom. C'était, en 1791, une franche république de contrebandiers en deçà et au delà de laquelle, par une sorte de convention tacite, s'arrêtaient les lignes de douanes. Il y avait pour cela une foule de raisons excellentes ; ainsi entr'autres, de mémoire de Basque, jamais agent du fisc n'en était revenu; le seul défilé qui pût y conduire, large de cinq ou six pieds, longeait à gauche une montagne inaccessible, vrai mur perpendiculaire, tandis qu'à droite on avait l'agréable perspective d'une profondeur de quelque cent toises ; il fallait faire de la sorte une lieue à découvert; et ensuite le chemin s'engageait dans une pente rapide bordée des deux côtés par des rochers taillés en creux, si bien que dix hommes auraient facilement défendu le passage contre une armée entière.

Toutes les maisons du village se recommandaient par un aspect de propreté, par une apparence de confort. Un espace horizontal ménagé au milieu formait une place assez vaste pour qu'on pût prendre à l'aise le plaisir du jeu de paume; enfin, l'on remarquait d'abord une grande chapelle que desservait un vieux prêtre en qualité de curé.

Saint-Vincent qui échappait à toutes les lois civiles, reconnaissait donc les lois religieuses. Dans l'intérieur de la paroisse tout allait très-chrétiennement; le curé mariait, baptisait, célébrait les offices et remplissait ses autres devoirs avec l'assentiment et le concours de chacun. Les mœurs en général étaient pures. Malheureusement à peine les paroissiens étaient-ils en campagne que le diable frappait le revers de la médaille, où l'on doit lire en grosses lettres : Ivrognerie, contrebande, *vendetta*, guet-apens, cupidité, brigandage, orgueil, et de plus les hommes étaient en campagne près des trois quarts de l'année.

Quant à l'organisation de la communauté, elle était basée sur l'esprit de famille; quelques habitants placés au niveau d'Andres Mutilla gouvernaient oligarchiquement; ils étaient de fait les maîtres et seigneurs, car ils avançaient les fonds nécessaires à la spéculation, et, entre eux, comme vis-à-de leurs fournisseurs du plat-pays et de leurs entrepreneurs de la montagne, les bandits étaient d'une irréprochable probité.

Au demeurant, le monde est ainsi fait. Tout homme est un mélange de bien et de mal; la proportion des parties combinées varie seulement du plus au moins. Dans notre société, une certaine dose d'hypocrisie vient toujours parfaire l'amalgame. Les contrebandiers, par exception, ou plutôt parce qu'ils vivaient en dehors de la société, manquaient de l'élément qui opère la mixtion absolue. Leurs vertus étaient dans le fond du vase, leurs vices surnageaient. Un certain cynisme sauvage empêchait une fusion que la dissimulation rend complète «» ……, gens civilisés, comédiens de toutes les heures, qui cachons nos plus mauvais penchants par pudeur, nos plus belles qualités par respect humain.

A Saint-Vincent, les femmes valaient mieux que leurs frères. Si parfois elles partageaient le danger des expéditions, en général elles restaient au logis; si le *ganibet* (¹) montagnard armait parfois leurs mains, ce n'était que dans des cas bien rares, par l'effet de quelque fougueux accès de haine ou de vengeance. On a entendu Dominika. Dominika cependant était bienveillante et sensible. La route du village, interdite aux douaniers, était librement ouverte à tous les pauvres du pays, et si l'on eût demandé à ceux-ci leur opinion sur l'héritière Mutilla, ils auraient répondu qu'elle était encore plus charitable que belle.

La caravane avait été aperçue de loin : — de jeunes coureurs s'élancèrent à sa rencontre. Le bruit de la réconciliation d'Andres Mutilla avec Antonio le muletier, la nouvelle certaine du prochain mariage de José Muniz et de Dominika se répandirent; on sut en même temps que des officiers français arrivaient sous l'escorte des enfants de la montagne; la population entière accourut. L'entrée des contrebandiers dans la bourgade fut une entrée triomphale.

Tout est occasion de danses et de gambades pour ce peuple qui saute et voltige au sommet des Pyrénées. Une farandole entraînante se forma spontanément sur la place; elle tournait autour des contrebandiers, dont les plus jeunes, malgré la marche forcée de la nuit, ne laissèrent pas de prendre part à la fête improvisée. A chaque instant de nouveaux danseurs et de nouvelles danseuses prenaient la queue en bondissant; des *viva* sans nombre se mêlaient aux

---

(¹) Couteau effilé.

sons du fifre criard, du tambourin et de l'instrument national, le tambour de basque, grossière lyre à trois cordes montées sur un chevalet.

Un pareil accueil était fait pour surprendre les trois officiers français. L'insouciant Montreuil riait de tout son cœur; Ermel n'osait en croire ses yeux; d'Amblemont, un peu mieux au courant des mœurs du pays, se félicitait de l'heureux concours de circonstances qui transformaient ainsi en un jour d'allégresse le jour où ils arrivaient dans la bourgade. Alain, en véritable Bas-Breton, ne s'étonna de rien. Sa bonne figure s'épanouit et s'il avait su danser le *saut basque*, nul doute que, déposant là son sac et son fusil, il n'eût pris la main d'une Basquaise et suivi la file de la bande qui semblait piquée de la tarentule.

José Muniz et Dominika furent ainsi conduits jusqu'à la demeure de maître Mutilla, qui installa ses hôtes dans un appartement meublé, où Antonio déposa leurs bagages quelques instants après.

Alors la troupe joyeuse se dispersa ; chacun rentra chez soi ; les associés rangèrent leurs ballots dans des hangars où on les entassait en attendant qu'on les dirigeât sur Pampelune ou sur Tolosa.

Cette seconde opération se faisait par un procédé beaucoup plus expéditif que la première. Des contrebandiers se postaient dans la vallée ; à un signal convenu, les expéditeurs, à l'aide de longs cordages, leur descendaient la cargaison; on gagnait ainsi près de trois heures. Il ne s'agissait plus ensuite que de tromper la surveillance de la deuxième ligne des douanes espagnoles ou de s'assurer la connivence des agents subalternes, — chose assez facile d'ordinaire; — en sorte qu'une fois emmagasinées à Saint-Vincent, les marchandises passaient pour rendues; — c'était là un aphorisme.

D'Amblemont n'avait pu s'empêcher d'accepter l'invitation au mariage de Dominika, bien qu'il eût grande hâte de fuir l'Espagne et de se rendre dans l'électorat de Trèves, lieu du rendez-vous général de l'émigration française. Telle était d'ailleurs l'intention arrêtée d'Ermel et de Montreuil, qui se faisaient illusion sur le succès des manœuvres d'outre-Rhin, car en dix jours leurs opinions s'étaient singulièrement modifiées;—les alarmantes nouvelles venues de Paris, les excès de la populace de province, l'état dans lequel ils avaient trouvé leur régiment, et la conduite du vieux capitaine, leur firent concevoir des idées, des projets, puis des espérances, que de plus sages qu'eux embrassèrent avec un égal enthousiasme. Braves et déterminés comme ils l'étaient, ils voulaient se trouver présents au jour du péril. Ce n'était pas pour éviter les persécutions qu'ils avaient quitté leur patrie. Le jour où ils crurent que le devoir les appelait au delà de la frontière, ils n'hésitèrent pas.

On peut désapprouver l'émigration, mais la condamner est injuste. Ce fut peut-être une erreur politique, — quoique l'insuccès ne soit pas un argument péremptoire en matière de révolutions; — mais, à coup sûr, ce ne fut point une faute digne de blâme. Le mobile des gentilshommes et des autres émigrés ne fut ni l'intérêt ni la peur; ils abandonnèrent leurs biens, ils s'exposèrent à la confiscation et à la plus complète ruine, pour se rassembler sur la terre étrangère. Proscrits, ils se proposaient de combattre les armes à la main les ennemis qui ne devaient point les traiter en prisonniers de guerre et qui ne leur firent jamais quartier; — leur mobile fut un sentiment élevé, généreux, respectable à tous égards; — ce fut un dévouement profond à des principes sacrés, à un ordre d'idées chevaleresques, aux traditions monarchiques, à la vieille constitution de l'état, violemment renversée par une certaine partie de la nation dont ils ne reconnaissaient pas les actes comme valides. Ils défendaient les droits du trône et ceux de la religion ; pouvaient-ils ne pas se regarder comme les soutiens réels de l'ordre, comme les véritables patriotes, comme les Français vraiment fidèles aux lois de leur pays? Ils obéissaient au cri de leur conscience, et quand ils combattaient des révolutionnaires, ce n'était que pour servir leur patrie! Voilà ce qu'il faut déclarer sans crainte, car telle est la vérité.

A la suite de toutes les guerres civiles, le parti vaincu est lâchement injurié, parce que les hommes jugent d'après les événements; mais Dieu, qui lit dans les cœurs, juge d'après les intentions. L'histoire devrait se modeler sur l'Arbitre éternel et suprême; elle aussi, avant de porter ses arrêts, devrait tenir compte des circonstances qui justifient ou ennoblissent la conduite de chacun. Au lieu de s'abaisser jusqu'à frapper ceux que trahit la victoire, elle se relèverait par une appréciation impartiale ; et, se plaçant tour à tour au point de vue des hommes à conviction des factions opposées, elle ne devrait décerner que des hommages à ceux qui ont tout sacrifié pour le triomphe d'une opinion bonne et juste d'après leur propre jugement.

Parmi les révolutionnaires les plus ardents, il y eut de grands citoyens qui crurent sauver la patrie par des mesures de néfaste mémoire ; — si leur conviction fut sincère et profonde, n'hésitons pas à les déclarer innocents du sang qu'ils versèrent. Mais mille fois coupables furent ceux qui, sans partager leur monstrueuse croyance, tolérèrent leurs actes, devinrent leurs agents dociles et firent ainsi le mal en sachant ce qu'ils faisaient.

L'émigration compta malheureusement dans ses rangs des ambitieux qui se trompaient eux-mêmes, des intrigants, des hommes indignes de leur cause : la plupart des émigrés n'en furent pas moins des gens de bien, enflammés d'amour pour leur pays, glorieux soldats qui se battaient en héros et qui mouraient en martyrs.

De même que la France révolutionnaire fit appel à tous les peuples contre tous les rois; de même que nos clubistes allaient sympathiser avec les clubistes anglais, dont ils mendiaient l'appui au nom des sociétés populaires, de même la France monarchique appela l'Europe monarchique à son secours. Ce n'était qu'user de représailles. — Enfin, du moment qu'on en est arrivé aux dernières et déplorables extrémités, quand les questions sont débattues par les armes, et lorsque l'exécrable guerre civile est déclarée, les chefs des deux partis ont incontestablement le droit de contracter des alliances, dans l'espoir d'étouffer plus vite la faction contraire et de rétablir plus promptement l'ordre et la paix. L'histoire offre vingt exemples d'alliés pareils qui ont été salués du nom de libérateurs.

Sans papiers, sans protecteurs en Espagne, avec des ressources très-bornées, comment se rendre dans l'électorat de Trèves? Le capitaine d'Amblemont, quand il avait résolu de partir seul, comptait sur un déguisement, sur le concours d'Antonio et sur sa propre prudence. Maintenant, quelle route prendre? — Ermel et Montreuil s'en rapportaient à aveuglément à lui.

Il méditait sur ces questions délicates, Andres Mutilla frappa tout doucement à la porte.

— Je craignais de vous réveiller, dit le maître en entrant. Seigneur capitaine, poursuivit-il, je viens vous parler au sujet du mariage de ma fille.

D'Amblemont se mit sur son séant; le contrebandier en chef prit un siége et se plaça près de lui.

— Je vous ai convié vous et vos compagnons au mariage de ma fille aînée, dit le montagnard. Vous avez accepté, j'en ai ressenti une vive joie, car la présence des gens de bien porte bonheur à la famille. Mais en causant avec Antonio et José, une pensée m'est venue; elle trouble le plaisir que j'éprouverais à vous voir assis à la table du festin. Je ne veux pas que mes hôtes puissent souffrir d'un retard auquel ils ne consentiraient que par courtoisie.

Le capitaine fut surpris d'un pareil scrupule chez le chef des bandits, qui ne se laissa pas convaincre par une phrase polie et reprit avec chaleur :

— Vous avez déclaré devant moi que vous aviez hâte de continuer votre voyage, Antonio nous a dit que vous aviez besoin d'une escorte en cas de mauvaise rencontre. Ecoutez, capitaine : que vos désirs passent avant les nôtres ! Le mariage de l'héritière sera différé. Les jeunes gens de la famille mettront leurs sandales de route, et ne reviendront ici que quand vous serez en sûreté.

— Non! c'en serait trop, interrompit d'Amblemont.

— Vous êtes mes hôtes, s'écria Andres; vous êtes étrangers au pays, je vous dois asile et protection.

— Dieu nous garde de vous causer un seul instant de retard! reprit le capitaine. Que votre fille s'unisse à celui que vous lui donnez pour époux! et que nous prenions part à votre joie! Je le veux, je le désire. Ensuite, quand les fêtes seront terminées; nous accepterons de grand cœur votre proposition, car ma grande inquiétude est de savoir comment poursuivre mon voyage.

Après la première partie de cette réponse, le chef contrebandier avec la pétulance d'un vrai Basque, poussa une exclamation de joie; après la seconde, il se prit à sourire :

— Quand vous voudriez aller au centre de la terre, dit-il emphatiquement, je vous y ferais conduire en sûreté.

Le capitaine sourit à son tour, et désormais plein de confiance en la loyauté de son hôte;

— Ecoutez! don Andres, dit-il, je vais vous parler à cœur ouvert.

Le Basque se redressa fièrement.

— J'écoute, dit-il.

— Le but de notre voyage est au-delà de la France, sur la frontière opposée à celle-ci ; l'on peut y aller de bien des manières.

— Quel nom donnez-vous au pays?

— C'est en Allemagne, dans l'électorat de Trèves, que nous voulons nous rendre.

Le contrebandier prêtait une attention soutenue.

— La route la plus courte serait de traverser la France.

— C'est clair, dit le Basque ; mais vous ne l'avez pas quittée pour y retourner si tôt.

— Bien, répondit le capitaine ; il faut donc tourner autour et prendre la voie de mer, soit par la Catalogne, soit en descendant sur les bords de l'Océan, en Biscaye, ou bien encore en allant chercher plus loin un port d'Espagne ou de Portugal.

Le capitaine, pour rendre son explication plus claire, avait ouvert sa carte de voyage ; du doigt il montrait les Pyrénées et les divers chemins que l'on pouvait suivre. Le montagnard se fit bien expliquer la position des mers, les routes à parcourir par terre, et puis :

— Préférez-vous, dit-il enfin, débarquer là (c'était le royaume des Pays-Bas que touchait son index), ou bien ici? continua-t-il en désignant Gênes.

— Je crois ce dernier parti préférable; nous n'avons pas

de papiers. En Piémont j'espère m'en procurer plus aisément qu'ailleurs.

Le Basque fit claquer ses doigts, se renversa sur le banc à dossier, espèce de fauteuil qui lui servait de siége, et regarda fixement le capitaine.

— Nous! dit-il, nous voyageons sans passe-port, nous avons nos bâtons ferrés et nos escopettes : les miquelets ou les gendarmes n'ont rien à nous demander de près! mais nous sommes du pays. Vous autres, des officiers, je comprends que vous teniez à être en règle.

— Eh bien? fit d'Amblemont.

Le Basque, après une exclamation des plus vigoureusement accentuées, ajouta :

— Je vous réponds de tous les passe-ports que vous voudrez! sous vos vrais noms! sous des noms de guerre si vous aimez mieux! Ah! ah! il y a bien besoin d'aller en Italie! Bagatelle! La moitié des officiers de police sont à ma disposition pour si peu de chose!

— En vérité! s'écria d'Amblemont.

— Des passe-ports! belle difficulté! Si je m'en mêlais, je voudrais faire passer en contrebande un roi et une armée entière, avec la cavalerie et les canons! Si nous sommes frères dans la montagne, nous ne manquons pas d'amis dans la plaine. De Barcelone au Ferrol, Andres Mutilla en compte assez! Allons! laissez-moi marier ma fille, et puis, que vous vouliez partir de Saint-Sébastien ou de Rosas, ça ne sera pas plus *malaisé*.

Le capitaine d'Amblemont paraissait étonné de l'extrême assurance d'Andres Mutilla.

— Nous autres nous travaillons par terre; mais il y a des frères au Passage, à Santander et ailleurs, qui font le métier par mer. Ceux-là sont Basques, ils vous déposeront en Angleterre, si vous y tenez, et, de là, vous n'aurez plus de peine, je pense, à continuer votre voyage ; mais si vous préférez partir par l'autre côté, nous avons, grâce à Dieu, des connaissances en Catalogne. Ah ! ah ! des passe-ports, mon capitaine, il ne vous faut que cela ! Vous en aurez tant que vous voudrez ; on vous les fera venir de Pampelune ou d'Estella, de Tolosa ou de Saint-Sébastien, à votre choix. Que Dieu vous garde !

A ces mots le maître du logis se leva, d'Amblemont l'accompagna jusqu'à la porte, et alla prévenir ses jeunes compagnons de la rassurante promesse du contrebandier.

Le soir, à l'heure du repas, les émigrés apprirent que le mariage aurait lieu le surlendemain.

Suivant l'usage du pays basque, un service solennel à la mémoire des ancêtres fut célébré d'abord dans l'église de Saint-Vincent. Les officiers et Alain, la plus grande partie de la population du bourg, et nombre de parents venus des alentours y assistèrent. Ensuite on préluda à la noce par une joute que favorisa un temps superbe.

La place du village s'était transformée en carrousel ; les plus habiles joueurs de paume s'avancèrent, ils avaient revêtu un costume à la fois élégant et léger : le béret bleu sur l'oreille, la chemise blanche rabattue ; autour du cou, une cravate négligemment nouée à la batelière ; en ceinture, une longue pièce de soie rouge ; aux pieds, des sandales ; à la main un fort gantelet de cuir. Ils portaient tous les cheveux longs, ils étaient tous grands, élancés, nerveux et souples ; leurs yeux noirs brillaient déjà de plaisir.

Parmi les plus beaux et les plus lestes, on remarquait José Muniz, chef de l'un des partis.

Les juges du camp, qui veillent à ce que les règles du jeu soient observées, donnèrent le signal. José lança une lourde paume élastique, objet de l'attention et même de l'émotion commune.

De tous côtés des paris s'engageaient ; les joueurs avaient pris du champ, la balle bondissait à des hauteurs surprenantes. Il était curieux de voir les hardis contrebandiers passionnés pour ce jeu national, courant, se jetant des défis, attrapant la paume au vol, pour ainsi dire, et accomplissant tour à tour des exploits qui provoquaient les applaudissements et les cris de la multitude.

Il s'agissait d'une simple réjouissance locale, la rivalité des deux camps n'était que momentanée ; il n'arriva donc point ce qui a lieu dans les joutes tout à fait nationales, lorsque les forts joueurs de toutes les parties du pays basque accourent et viennent lutter pour l'honneur de la paroisse. Des paris, on n'en vint pas aux coups. Il n'y eut pas de rixe à déplorer. Les danses s'organisèrent sur le lieu même où la partie venait de finir à la grande gloire du fiancé, qui fut doublement le héros de la fête.

Le jour suivant, enfin, la bénédiction nuptiale fut donnée aux jeunes époux; — les festins et l'allégresse durèrent une semaine entière sans interruption.

Après la paume et la danse, l'un des grands plaisirs des gens du village fut la superbe représentation d'une *Pastorale* dont le sujet était emprunté aux guerres des Maures, et dans laquelle figurèrent non les émigrés, mais leurs uniformes, attendu que le roi Alaric, qui devait se battre en champ-clos contre un Mahomet de Cordoue, paradait en habit, veste et culotte d'officier d'Artois. Mahomet avait trouvé son costume dans les ballots de contrebande destinés à être colportés après la fête.

Au milieu de tout cela, Ermel et Montreuil s'étaient promptement popularisés; eux aussi avaient changé de costume : ils étaient vêtus en montagnards, et si leur teint clair et leurs cheveux de nuances assez peu foncées ne les avaient fait reconnaître pour étrangers, on aurait pu les confondre avec les jeunes gens du pays. Ils savaient déjà danser le *muchiquo* et le *saut basque*. Ils firent mieux encore, le violon et le cor qui naguère avaient failli leur devenir funestes, furent retirés des étuis, et les deux concertants ayant pris le temps d'apprendre quelques airs montagnards, obtinrent les bravos frénétiques de la multitude. Alain s'était abstenu de se mêler à des jeux où son maître prenait une part trop directe, mais Antonio ne le négligeait pas.

Quant au capitaine d'Amblemont, il restait avec les grands parents, la foule le respectait et l'estimait. Le muletier, qui lui devait la liberté, n'avait pas manqué de le publier dans la bourgade. Ainsi, chez les bandits de la montagne, les trois gentilshommes trouvèrent, à leur arrivée sur la terre d'exil, un accueil cordial et une sécurité qui leur eût été refusée dans le sein de leur patrie.

Le capitaine, cependant, était profondément triste, car il songeait à l'avenir.

Montreuil s'abandonnait à l'extrême légèreté de son caractère.

Ermel s'étourdissait, — mais pourtant Dominika, la jeune mariée, lui remettait en mémoire la douce Francésa, qu'il avait laissée au manoir de Rosven ! Et alors il comparait avec amertume le sort des paisibles habitants du manoir breton avec celui des aventureux bandits des Pyrénées. S'il n'eût été sincèrement chrétien, il aurait blasphémé dans son esprit ! Mais le petit-fils de Jean-François de La Faugerais s'inclinait devant les mystérieux décrets de la Providence, il priait pour ceux qu'il avait laissés en Bretagne et se sentait soulagé.

Au moment du départ, lorsque les hôtes d'Andres Mutilla vinrent le remercier de son secours et de sa généreuse hospitalité, le cœur du jeune homme se gonfla ; il se rappelait douloureusement d'autres adieux et les nobles recommandations de son aïeul octogénaire ; il pensait tour à tour à M. de Kerfuntun, le père de Francésa, errant dans les landes du Morbihan, et à son oncle, le vicomte de Kerbozec, qui avait dû trouver à Brest ce qu'il avait trouvé lui-même à Niort, à Saintes, et enfin à Pau, c'est-à-dire la Révolution irritée, grondant, menaçant, commençant à déchirer.

VII.

ANTONIO MUNIZ Y BAYEN,

La veille du départ de Saint-Vincent, les trois officiers, réunis dans la chambre du capitaine d'Amblemont, adoptaient définitivement pour itinéraire l'Angleterre par le golfe de Gascogne et le port de Saint-Sébastien; Alain faisait les malles en écoutant, lorsqu'Antonio Muniz y Bayen entra. On voyait à sa démarche qu'il venait faire une communication importante,

— Capitaine, dit-il, vous voyez devant vous un homme qui a perdu tout le bonheur de sa vie.

D'Amblemont et ses deux amis témoignèrent leur étonnement par des gestes de surprise ; Alain se redressa militairement pour mieux entendre la suite.

— Oui! capitaine, reprit le muletier, et ce bonheur dépend de vous seul, vous le tenez entre vos mains !

D'Amblemont crut comprendre.

— Explique-toi, dit-il, en fronçant les sourcils.

— Ecoutez, capitaine ! Je suis né en Biscaye, mon père et tous mes parents étaient contrebandiers ; mes frères et moi, nous avons appris le métier dès notre enfance. J'avais quinze ans quand nous vînmes nous établir à Saint-

Vincent ; depuis, je n'ai jamais passé un mois sans aller en expédition, jusqu'au temps de cette malheureuse rencontre où je fus blessé et pris par les douaniers de France, remis par eux à votre discrétion et sauvé par vous.

— Bien ! passons ! dit le capitaine.

— Mais vous avez mis une condition à ma liberté, vous m'avez fait jurer.... Autant valait me laisser mourir !.... Moi ! capitaine, je ne puis vivre dans ce pays sans faire comme les autres ! Je ne suis pas un homme de la plaine.... A Saint-Vincent, je ne vaux pas une femme !

— Comment ? s'écria d'Amblemont, tu es muletier, tu ne cours aucun danger...

— C'est le danger que j'aime ! interrompit le Basque. — Capitaine, par grâce ! déliez-moi de mon serment.

Le capitaine d'Amblemont n'hésita pas un seul instant :

— C'est impossible, dit-il.

— Mon Dieu ! murmura le muletier, pourtant c'est à vous seul que j'ai promis.

— Mais moi, répondit d'Amblemont, j'ai répondu pour toi, moi j'ai engagé ma parole, qui me la rendra ?

— Vous étiez commandant alors, maintenant vous êtes un exilé, un fugitif.

— Mes serments ont-ils perdu de leur valeur parce que je suis émigré ? s'écria d'Amblemont.

Antonio Muniz hocha la tête et parut réfléchir.

— Songez, capitaine, que José, en se mariant, a pour sa part toute la fortune de mon père ; par la contrebande je deviendrais riche à mon tour.

— Antonio, dit d'Amblemont, tu peux violer ton serment.

Le Basque se redressa tout à coup avec orgueil, un jurement guttural passa entre ses dents.

— Capitaine ! ajouta-t-il.

— Morbleu, s'écria d'Amblemont, sais-tu que tu es mal venu de te mettre en colère! Que me demandes-tu donc depuis un quart d'heure? J'ai juré d'après toi que tu ne ferais plus la contrebande, et tu viens me dire que tu es pauvre, tu viens me supplier de te rendre ta parole!... Puisque tu as la conscience si large pour moi, tu peux bien, ce me semble, te passer de mon consentement.

— Je suis Basque! et je n'ai qu'une parole.

— Et moi, coquin, je suis gentilhomme français.

Ermel et Montreuil se tenaient sur leurs gardes, ils craignaient que le muletier, irrité par la brusquerie du capitaine, ne se vengeât de l'épithète injurieuse de coquin; mais Antonio croisa les bras et regarda fixement le vieil officier.

Une multitude d'impressions successives passèrent sur ses traits, comme des nuages poussés par une violente brise; puis son front devint serein, et d'une voix douce :

— Alors, capitaine, vous ne me refuserez pas une grâce.

— Laquelle? dit d'Amblemont encore très-brusquement.

— Promettez-moi d'avance que si elle ne blesse pas votre honneur vous y consentirez.

— Explique-toi.

— Je voudrais vous accompagner, je vous servirais comme un fidèle soldat, comme Alain sert M. Ermel; je suis fier, mais je vous aime. Si je ne puis vivre dans mes montagnes, je veux aller mourir avec vous.

— J'y consens, dit d'Amblemont en tendant la main au muletier.

Le matin encore, Antonio l'eût prise et l'eût serrée comme celle d'un ami; pour montrer qu'il acceptait un maître, il mit un genou en terre et la baisa.

Après quoi, il salua les gentilshommes et sortit.

Les trois officiers et leur serviteur étaient munis de papiers parfaitement en règle, contresignés et approuvés par l'autorité compétente de Pampelune. Les bienheureux passeports n'avaient coûté qu'un cachemire de contrebande et deux dames-jeannes d'eau-de-vie de Languedoc.

D'Amblemont voulut au moins payer à son hôte cette dépense extraordinaire; une scène violente faillit s'ensuivre.

— Seigneur capitaine, dit le Basque en jurant, savez-vous que vous me faites injure? — Si vous n'étiez sous mon toit, je vous aurais déjà planté mon *ganibet* dans les côtes !

Cet étrange argument mit fin au combat de générosité; il fallut que d'Amblemont remerciât purement et simplement.

Ermel et Montreuil trouvèrent un biais : ils donnèrent aux enfants du logis leurs instruments, devenus fameux à Saint-Vincent. On accepta ce cadeau et celui de quelques uniformes brodés destinés à costumer le roi Hérode ou l'empereur Charlemagne, suivant les exigences de la *Pastorale.*

Les deux nouveaux mariés, Andres Mutilla, et grand nombre d'habitants du village, voulurent accompagner les voyageurs, qui descendaient par les chemins suspendus aux versants des Pyrénées. On partit.

Antonio le muletier allait triste et pensif; — nul ne prenait garde à lui. Mais au dernier détour de la montagne, lorsque José Muniz et Dominika prirent congé de l'escorte, après les adieux faits aux émigrés, le frère de José prit enfin la parole et déclara qu'il abandonnait le pays.

— Adieu! frère, dit-il, porte le nom de Muniz y Bayen; que tes enfants soient dignes de nous! Je m'en vais! tu ne me verras plus! Adieu! seigneur Andres Mutilla, notre chef; adieu! vous tous, mes frères et compagnons, puisqu'Antonio ne peut plus faire la contrebande avec vous, il préfère aller courir le monde !

La renonciation d'Antonio à son droit d'aînesse l'avait

placé dans la position d'un cadet, et quoique le départ des cadets basques fût moint fréquent alors qu'il ne l'est aujourd'hui, sa résolution ne surprit personne ; la séparation des deux frères n'en fut pas moins touchante. José s'était habitué à voir dans Antonio un second père; depuis que les soupçons des contrebandiers s'étaient dissipés, le muletier avait reconquis l'estime générale.—La belle Dominika pleurait. Le farouche Andres Mutilla était ému.

— Que Dieu te conduise et te ramène riche et puissant ! dit le vieux chef.

Antonio répondit par un signe de doute, embrassa son frère pour la dernière fois, baisa au front la jeune mariée et puis poussa la mule dans le chemin qui tournait.

Une heure après, les émigrés traversaient les gorges à jamais célèbres de Roncevaux.

A Saint-Sébastien, Antonio Muniz fit argent de sa mule. Enfin, favorisés par un bon vent, les cinq voyageurs appareillèrent à bord d'un brig contrebandier dont l'équipage connaissait de longue date le fameux Antonio Muniz y Bayen.

La traversée ne présenta aucun incident digne d'être rapporté. On prit terre à Newport, dans l'île de Wight, où se trouvaient déjà un grand nombre d'émigrés français. D'Amblemont, Ermel et Montreuil retrouvèrent parmi eux plusieurs de leurs camarades ; ils apprirent que les troubles augmentaient en France.

Les inquiétudes d'Ermel redoublèrent. Il s'informa surtout de son oncle le capitaine de vaisseau, mais il recueillit les versions les plus contradictoires : les uns lui dirent que le vicomte de Kerbozec avait quitté la France en fugitif, à bord d'un caboteur ; d'autres affirmèrent qu'il venait de prendre le commandement d'une frégate ; le bruit courut même que les patriotes de Brest lui avaient fait un mauvais parti. Quelques Bretons parlaient avec horreur des excès commis par les clubistes ardents de Rennes, de Lorient. de Nantes et de la Roche-Bernard.

Les lettres et les journaux qu'on recevait de France n'étaient pas de nature à rassurer les émigrés. Ermel n'osait écrire : il pensa bien à envoyer Alain en Bretagne ; mais le fils de Pierre Gavésio avait reçu pour consigne de ne pas quitter son jeune maître : on ne put le décider à retourner à Rosven, où cependant il serait probablement arrivé sain et sauf, grâce à sa connaissance parfaite du pays et de la langue bretonne.

Un mois s'écoula dans des transes continuelles. Antonio rivalisait de zèle avec Alain; le capitaine d'Amblemont était toujours le chef et le mentor de la petite troupe; après bien des difficultés, les émigrés réfugiés à Newport parvinrent à s'embarquer à bord d'un navire qui les conduisit à Ostende.

Le capitaine d'Amblemont avait assez habilement ménagé les ressources de la communauté pour qu'on pût arriver jusqu'à Coblentz dans un équipage encore convenable ; — mais une fois là, force serait de s'industrier pour faire face aux premiers besoins.

A l'approche de la misère, les trois gentilshommes restaient calmes et sereins; — ils ne regrettaient point d'avoir sacrifié leur présent et leur avenir à ce qu'ils regardaient comme un devoir sacré.

— Messieurs, dit le capitaine, avant peu, je l'espere, nous serons soldats des princes, et nous combattrons pour le rétablissement de la monarchie.

Montreuil n'avait pas perdu sa gaité.

Les deux serviteurs causaient parfois de la destinée de leurs maîtres; un égal dévouement les animait.

Ermel, digne fils des vieux châtelains de Rosven, plaçait sa confiance en Dieu.

Le sac au dos et le bâton de voyage à la main, les cinq compagnons d'exil arrivèrent à Coblentz à une époque où les esprits les plus légers commençaient à s'effrayer de l'avenir.

VIII.

LA COMPAGNIE D'AMBLEMONT.

Les rangs de l'émigration se grossissaient chaque jour, non pas seulement de gentilshommes ou d'*aristocrates*, comme on disait alors, mais de gens de toutes les classes, depuis les plus humbles jusqu'aux plus élevées. Des soldats, des ouvriers, des paysans, passaient chaque jour les frontières, les uns par attachement pour leurs officiers ou leurs maîtres, les autres pour fuir les troubles qui commençaient à ensanglanter la France, d'autres pour rester fidèles à leurs principes religieux, d'autres enfin par sympathie pour la cause monarchique, ou encore par des motifs moins désintéressés, car l'ivraie se mêlera toujours au bon grain.

Parmi les sommités, le même mélange existait ; on doit reconnaître toutefois que la majorité des nobles de Coblentz, si souvent calomniés, se dévouait à ce qu'ils regardaient comme le plus saint des devoirs. Ils avaient tout abandonné, tout sacrifié, tout perdu ; ils se voyaient, pour la plupart, à la veille de manquer du strict nécessaire. Certes! les intrigants et les ambitieux qui spéculèrent sur les éventualités du succès durent être bien désappointés, quand la misère se dressa devant eux; mais cette rude campagne de l'exil n'effraya point ceux qui obéissaient à une conviction profonde. Il est digne de remarque seulement qu'elle éprouva plus cruellement les gens qui appartenaient primitivement aux classes les moins aisées.

Le moral est évidemment plus fort que le physique pour aider à supporter les privations et les fatigues. On en vit là un exemple bien frappant. De vigoureux cultivateurs flamands ou alsaciens succombaient, tandis que de frêles jeunes gens, élevés dans le luxe, résistèrent aux plus mauvais jours.

D'Amblemont alla offrir ses services et ceux de ses compagnons au conseil des princes ; rien n'était encore décidé ; l'on parlait cependant de former bientôt un corps d'émigrés, malheureusement il fallut attendre plusieurs mois avant que ce projet fût mis à exécution. Beaucoup de gentilshommes, à bout de ressources, se répandirent en Suisse, en Allemagne et jusqu'en Pologne. Quelques-uns même rentrèrent furtivement en France. Montreuil fut plusieurs fois tenté de regagner la Vendée. D'Amblemont conseilla à ses compagnons de rester, de vivre de privations et d'attendre.

— Nous n'avons rien de mieux à faire, disait-il. La coalition s'organise. Malgré le désaccord des principaux chefs, il faudra bien qu'on en vienne à nous donner des armes.

Ermel appuya la proposition de son ancien capitaine. Montreuil se rangea de son avis.

On se logea non loin de la ville, dans une chaumière qu'Alain avait découverte. Par bonheur, le Bas-Breton avait appris, dans son enfance, le métier de tisserand, et fut d'abord d'un grand secours à la communauté.

Antonio eut honte de rester à la charge du capitaine ; il s'astreignit à partager les fatigues des journaliers de la plaine, — lui, le hardi contrebandier qui avait toujours dédaigné des soins qu'il trouvait indignes d'un homme libre,

Montreuil se fit une ressource de sa grande adresse au jeu de billard, et soit que les parties adverses perdissent à dessein, soit qu'il eût véritablement une supériorité marquée, il rapportait chaque semaine un peu d'argent qui s'ajoutait aux modiques salaires des serviteurs, et aux faibles gains qu'Ermel réalisait, de son côté, en donnant des leçons de dessin ou de musique.

D'Amblemont avait été longtemps le pourvoyeur de ses amis ; maintenant il vivait du fruit de leur travail, mais il ne perdait pas son temps. Il avait charge des grands et des petits intérêts de tous. C'était lui qui représentait ses camarades auprès des membres influents du conseil : il obtint que sa petite troupe serait enrôlée dans les premières compagnies qu'on lèverait. D'un autre côté, il veillait avec un ordre extrême à toutes les dépenses de la masse.

Il y eut des journées de détresse ; le capitaine donnait l'exemple d'une résignation et d'un courage qui ne se démentirent pas.

Aux moments les plus rudes, la Providence vint constamment au secours des exilés ; tantôt c'était l'arrivée d'un ancien camarade, qui leur offrait généreusement son aide, tantôt un travail inespéré dont l'un d'eux se trouvait chargé comme par miracle. Heureux celui qui pouvait y consacrer ses veilles !

Le nombre des hôtes de la chaumière augmenta ; les bénéfices de l'association rejaillirent sur les uns comme sur les autres.

Enfin, vers la fin de 1791, un premier corps d'émigrés se forma, d'Amblemont obtint une lieutenance, Ermel et Montreuil revêtirent avec joie l'uniforme de simples soldats ; Antonio et Alain furent également admis en qualité de volontaires.

D'Amblemont, chargé de l'instruction des recrues, se fit remarquer par son zèle et son activité. Il était un des plus anciens capitaines admis dans les corps de nouvelle formation. Il fut commissionné officier supérieur, et sa lieutenance fut bientôt convertie en compagnie, c'est-à-dire qu'il se trouva capitaine comme devant. Parmi les soldats se trouvaient des officiers qui avaient été ses collègues, des lieutenants comme Ermel et Montreuil, et enfin des sous-officiers, de simples soldats et des recrues.

Pour établir la discipline dans une troupe composée d'éléments si divers, il ne fallut pas moins que l'extrême fermeté de l'ancien capitaine d'Artois. D'Amblemont se montra inflexible; ses amis, Ermel et Montreuil, étaient traités par lui avec la même rigidité que les derniers des engagés; et cependant, hors du service, il continuait d'être leur mentor et leur conseil.

Les puissances coalisées rassemblèrent des troupes; la faible division dont faisait partie la compagnie d'Amblemont prit ses quartiers d'hiver dans le duché de Luxembourg, non loin de la frontière.

Parfois il était bruit de licencier l'armée, parfois on disait que les émigrés seraient incorporés dans les troupes étrangères. D'Amblemont regrettait de voir le commandement en chef aux mains du duc de Brunswick; il aurait voulu que l'émigration en masse eût pris les devants sous la conduite d'un prince français. Les puissances paralysèrent en partie les efforts des émigrés, et lorsqu'on entra en campagne, Monsieur, qui depuis fut Louis XVIII, ne rejoignit qu'avec 6,000 hommes les 130,000 combattants de l'armée coalisée.

La guerre, qui menaçait depuis si longtemps, fut déclarée le 20 avril 1792.

Les hostilités commencèrent aussitôt. L'armée française

pénétra en Belgique ; mais quelques rapides succès furent suivis par des déroutes. Les révolutionnaires, à peine aguerris, prirent la fuite à Mons et sur la frontière de Flandre. Battus à Quiévrain et à Tournay, ils se replièrent sur Lille, où la garnison et le peuple massacrèrent le général Dillon et plusieurs autres officiers que l'on accusait de la défaite.

Les deux armées se trouvèrent bientôt en présence sur toute la ligne de l'Est.

La compagnie d'Amblemont fut mobilisée dès l'origine, et détachée à l'avant-garde du centre, quoique la plupart des émigrés fissent encore partie de l'aile gauche.

Pendant deux mois cette petite troupe constamment placée aux avant-postes, escarmouchait presque tous les jours. Les Prussiens envoyaient régulièrement en enfants perdus les émigrés, à qui les révolutionnaires ne faisaient jamais quartier. Aussi, dans ces luttes partielles, on se battait avec le courage du désespoir. Que l'on marchât en avant pour opérer une reconnaissance, ou que l'on se dispersât en tirailleurs, une égale énergie était déployée. Jamais soldat de la compagnie d'Amblemont ne consentit à se rendre.

Les grandes batailles qui décident du sort des empires, terribles écoles des généraux, sont rarement aussi meurtrières, proportionnellement, que ces petits engagements continuels des avant-postes de deux armées qui se tiennent en observation. Quand il s'agit de grandes manœuvres, le soldat est un pion obscur qui marche au pas dans la ligne tracée ; au bout de cette ligne, qu'y a-t-il ? — La victoire ou la boucherie ? — Il l'ignore. Le général fait transmettre des instructions à un chef de division ou de brigade qui engage sa colonne dans la direction indiquée. La machine est en mouvement. Officiers et soldats obéissent à l'impulsion donnée, avancent, reculent, se portent à droite ou à gauche, se forment en ligne, ou se retirent sans savoir pourquoi ni comment. Un nuage d'épaisse fumée, du feu, du sang, un bruit formidable, des cris, des hennissemens, des sons de tambours et de trompettes, des charges de cavalerie, des fusillades et des canonnades, du fracas, du tumulte, beaucoup de confusion ; voilà tout ce qu'on a vu et entendu.

Le soir, on se demande ce qui s'est passé ; personne n'en sait trop rien. On l'apprendra plus tard, s'il plaît à Dieu.

Mais une troupe de deux cents hommes au plus, comme la compagnie d'Amblemont, grossie par l'incorporation de nombreux émigrés, occupe, par ordre du chef suprême, la tête de tout le corps d'armée ; elle a mission d'éclairer la marche, de battre le pays : chaque soldat comprend supérieurement de quoi il s'agit. Le capitaine et ses lieutenants deviennent des personnages sur le théâtre étroit qui leur échoit en partage ; jusqu'au simple trompette, chacun a son rôle. On n'est plus seulement une mécanique à lancer des balles, on a besoin d'une certaine dose d'intelligence.

Voyez ! Au point du jour, il importe de bien reconnaître la position de l'ennemi : n'a-t-il pas profité de la nuit pour opérer quelque changement dans ses dispositions présumées de la veille ? s'est-il éloigné ? s'est-il rapproché ? tâche-t-il de nous prendre en flanc ou à revers ?

Un bois, une colline, une rivière séparaient hier soir les avant-postes. L'on s'éveille sans bruit, on se forme en rangs, on part l'arme au bras, la giberne bien garnie. De distance en distance, de petits pelotons se portent sur les ailes : c'est une vraie battue. Tout à coup un cri se fait entendre.

On vient d'apercevoir les enfants perdus de l'armée ennemie. Le capitaine est au centre de sa petite division, il a son tambour et son trompette avec lui. D'après la nature du terrain, d'après les indications qu'il reçoit, il va faire replier les divers pelotons sur le centre, ou bien, au contraire, il les poste en tirailleurs.

Suivant le cas, on battra la charge ou la retraite, on sonnera pour se rallier ou se disperser.

Les soldats sont attentifs; les chefs de chaque subdivision jetée sur les ailes doivent veiller à se ménager le moyen de reprendre le chemin du cantonnement! Il ne faut pas se laisser envelopper. Si les éclaireurs ennemis sont des cavaliers, il importe de se conduire tout autrement que si l'on n'est en présence que de fantassins.

Tel était le métier que d'Amblemont faisait régulièrement chaque matin, jusqu'à neuf ou dix heures; et jamais compagnie d'avant-postes ne fut plus propre à un pareil service. Ici, l'intelligence des soldats vient en aide à l'officier. Or, la majeure partie des tirailleurs de d'Amblemont avaient reçu de l'éducation; ils avaient l'esprit cultivé, la conception prompte.

Les troupes de Dumouriez et de Lafayette se composaient, au contraire, de recrues inhabiles aux opérations militaires, à peine exercées, et commandées par des officiers subalternes encore sans expérience. Dans ces escarmouches elles recevaient de cruelles leçons.

La compagnie de d'Amblemont rentrait vers onze heures au cantonnement, après s'être battue plus ou moins longtemps, mais généralement après avoir mis en déroute les éclaireurs ennemis. Souvent, à l'appel, on n'avait fait aucune perte; quelquefois, au contraire, l'action avait été vive, on s'était trouvé en plaine en face d'une troupe trop forte. Alors on battait en retraite, sans désordre; jamais on n'abandonnait un blessé.

L'appel une fois achevé, on mangeait la soupe; si quelque brave camarade avait succombé, c'était autour de la gamelle que son oraison funèbre était prononcée. — Demain peut-être ce sera mon tour !

Voilà ce que chacun pensait, voilà ce qu'on se disait de temps en temps, et voilà aussi pourquoi l'on ne s'attristait point outre-mesure ; — car il n'y a point d'insensibilité, lorsqu'on vit au milieu du danger, à voir d'un œil sec la mort d'un compagnon. Le capitaine d'ailleurs n'entendait pas qu'on fût triste.

A Pau, au contact de la révolution, à Saint-Vincent, parmi les contrebandiers, à Coblentz, en attendant l'entrée en campagne, il semblait parfois morose ; maintenant, en véritable homme de guerre, il était d'une gaîté douce et cordiale qui stimulait ses tirailleurs.

Le soir, lorsque l'armée prussienne n'était pas en marche, d'Amblemont engageait les musiciens à faire danser leurs camarades. Ermel avait retrouvé un violon ; Montreuil avait eu pour sa part de butin, un cor d'harmonie. Les volontaires réunissant leurs talents, formaient un orchestre complet.

— Allons ! allons ! la musique ! messieurs les soldats, disait le capitaine en riant. Dégourdissons-nous les jambes pour demain matin.

Et quand on était dans un village, les galants voltigeurs ne manquaient pas de danseuses.

Les airs basques, les airs bretons venaient, pour le grand plaisir d'Antonio, ou d'Alain, faire diversion aux valses allemandes. Antonio, redevenu gai depuis qu'il se trouvait tous les jours face à face avec des dangers dignes de lui, égalait les plus braves en intrépidité, et ne le cédait qu'à Alain pour l'adresse du tir.

Le Basque d'ailleurs servait spécialement le capitaine, à la fortune duquel il s'était attaché ; mais en raison de ses relations antérieures avec Ermel et Montreuil, et de sa liaison avec Alain, il était véritablement dévoué à ces derniers. — Au fond, la question politique l'intéressait fort peu. Franc aventurier, prêt à changer de cocarde si d'Amblemont en changeait, il n'aimait pas mieux les Allemands que les Français, les blancs que les tricolores ; il n'était pas même Espagnol, il était Basque, voilà tout. Au demeurant, Antonio Muniz était le bandit de la compagnie ; mais déjà deux fois il avait sauvé le capitaine en se jetant en avant contre des cavaliers qu'il abattit au risque de sa vie, deux magnifiques balafres en témoignaient.

Alain, au contraire, passait inaperçu ; on savait seulement qu'il ne manquait jamais son homme. Il ne quittait point Ermel ; s'arrangeait de manière à être toujours à ses côtés, soit en marche, soit en bataille, et priait Dieu pour son jeune maître, soldat comme lui, et qui n'en servait qu'avec plus de zèle.

Un jour, sur les bords de la Meuse, au sortir d'un bois taillis où l'on n'avait pénétré qu'avec précaution, on rencontra un escadron de hussards qui tomba bride abattue au milieu de la compagnie. Le capitaine fait aussitôt le signal de se jeter en tirailleurs dans le bois ; — les voltigeurs se retirent au pas de course et se répandent à leurs postes. Ermel se heurte contre une racine d'arbre, fait un faux pas et tombe : l'escadron va lui passer sur le corps. Alain n'hésite pas ; au lieu de se mettre à l'abri derrière les arbres, il s'élance, baïonnette croisée, contre la cavalerie, — fait feu sans avoir mis en joue, et tue le premier cheval, qui barre le passage au second ; — Ermel a eu le temps de se relever et de croiser aussi la baïonnette ; mais les hussards entourent les deux fantassins, vingt sabres sont levés sur eux.

Au même instant, de toute la lisière du bois, part un feu nourri, l'escadron se débande, dix hommes, dix chevaux, tombent à la fois ; Ermel et Alain semblent ensevelis sous un monceau de cadavres. Cependant Alain respire encore, car un hussard démonté qui veut frapper Ermel renversé et baigné dans son sang est tout à coup accroché à bras-le-corps par le Bas-Breton. Alain le mord à la gorge et va rouler avec lui sous les pieds des chevaux.

Montreuil ne peut supporter un si horrible spectacle, il s'élance hors du bois; plusieurs autres émigrés le suivent.

La masse des hussards avait fait volte-face pour éviter le feu meurtrier qui sortait des taillis ; mais pourtant un petit peloton accourt et tâche de dégager les cavaliers démontés. La mêlée devient horrible.

Le capitaine d'Amblemont ordonne aux siens de rentrer, car si la compagnie se met ainsi à découvert, elle sera massacrée tout entière.

Alain se soulève et demande :

— Vit-il encore ?

— Oui, frère, répondit le Basque.

— Dieu soit loué ! murmura le Bas-Breton.

Puis il vomit son sang, ferma les yeux et resta sans mouvement sur le lieu de la mêlée.

Le trompette de d'Amblemont sonnait le rappel ; les hussards, voyant que les tirailleurs avaient quitté leurs postes, accouraient au galop ; avant qu'ils fussent revenus, le capitaine avait rétabli le bon ordre.

Alors le chef d'escadron fit faire halte à ses cavaliers.

Vers la fin de l'action, quelques troupes de cavalerie et d'infanterie se montrèrent de part et d'autre ; la compagnie d'Amblemont se forma en bataille un peu en avant du bois. On releva les blessés, parmi lesquels se trouvait Alain Gavésio ; enfin, après quelques coups de fusils échangés à grande distance, chacun des deux corps avancés rentra dans ses cantonnements.

Il était midi quand la compagnie d'Amblemont fut de retour dans le hameau où elle était provisoirement campée depuis environ une semaine.

Après l'appel, le capitaine ne fit pas rompre les rangs; son front était sombre, sa parole plus brève que de coutume.

— Je suis très-mécontent, s'écria-t-il. Plusieurs hommes ont quitté leur poste; leur imprudence a été cause de nos pertes. Voltigeurs! que cet avertissement suffise pour aujourd'hui, sans quoi je me verrais dans la triste nécessité de sévir.

Ayant ainsi parlé, le capitaine passa l'inspection de la compagnie.

— Monsieur de Montreuil, vous avez entendu, j'espère, dit-il en s'arrêtant devant l'ancien lieutenant d'Artois; vous avez donné le mauvais exemple. Si je punissais quelqu'un, je commencerais par vous.

— Mais, capitaine, dit Montreuil, sans moi La Faugerais et Alain étaient massacrés.

— Silence! interrompit le capitaine qui adressa une admonestation du même genre à Antonio et à plusieurs autres tirailleurs. Ensuite on rompit les rangs, l'on mangea la soupe et l'on nettoya les armes.

Le capitaine laissa ses ordres à son lieutenant, vieil officier comme lui; puis il se rendit à l'ambulance. Alain n'était qu'une plaie : il avait reçu plusieurs balles et nombre de coups de sabre, son corps foulé par les chevaux était couvert de contusions. On ne savait s'il avait des fractures, tant les chairs était gonflées et mâchées.

Ermel n'était pas dans un moins triste état. Les deux blessés, couchés l'un à côté de l'autre, ne se voyaient pas, ils respiraient à peine.

Plus loin se trouvaient d'autres voltigeurs gravement atteints. Le capitaine s'informa de chacun d'eux avec une égale sollicitude, les recommanda aux officiers de santé ainsi qu'aux infirmiers, auxquels il enjoignit de le faire prévenir si ses camarades manquaient de quelque chose. Il se fit désigner le plus spécialement chargé d'Ermel et d'Alain, et le prenant à l'écart, il lui donna un louis.

— S'ils ont besoin de quoi que ce soit, qu'on m'avertisse à l'instant, dit-il.

— C'est bien ! mon capitaine, répondit le garde-malade.

D'Amblemont sortit navré. De tous ses compagnons d'émigration, Ermel, son ancien lieutenant, était sans contredit celui qu'il aimait le mieux ; on a vu cependant avec quelle sévérité il gourmanda ceux qui se jetèrent hors du bois pour le secourir. C'est que dans un chef militaire il y a deux hommes. La discipline passe avant les affections ; le salut de la troupe avant celui du fils ou du frère que menacent les baïonnettes ennemies.

Montreuil obtint aisément la permission de rendre visite aux deux blessés. Ils ne le reconnurent point. Les chirurgiens cependant ne désespéraient pas tout à fait.

Antonio reçut l'ordre d'aller tous les jours à l'ambulance pour y demander des nouvelles des voltigeurs mis hors de combat ; mais peu après, un mouvement des troupes plaça le capitaine d'Amblemont dans l'impossibilité de savoir ce qu'ils devenaient. La compagnie fut obligée de se porter à six lieues dans le sud-est. Les malades et les blessés furent évacués sur Bastogne.

L'armée prussienne continua d'occuper le centre sans faire aucune tentative vigoureuse. Le roi de Prusse aurait voulu agir avec hardiesse ; le duc de Brunswick temporisait et songeait à remettre les hostilités à la saison suivante.

Au milieu des ordres, des contre-ordres et des marches

parfois rétrogrades qui résultaient de la lutte entre l'ardeur du souverain et la prudence un peu timide du général en chef, la compagnie d'Amblemont se signalait constamment aux avant-postes. Elle était décimée, mais se recrutait sans cesse de nouveaux émigrés, jaloux de partager ses travaux.

Ermel et Alain, dont on n'avait plus de nouvelles, passèrent pour morts; la dernière fois qu'Antonio les avait vus, tous les gens de l'art, y compris le chirurgien en chef, les condamnaient.

Le soir même, la compagnie se mit en marche, le lendemain on apprit que l'ambulance provisoire avait été internée.

Montreuil fut péniblement affecté, le capitaine ne dit pas combien il regrettait le jeune gentilhomme; Antonio vit bien que la perte d'Ermel l'affligeait; car, dans son intérieur, le vieil officier ne dissimulait plus autant ses impressions et semblait véritablement triste, bien qu'il stimulât encore la gaîté de ses voltigeurs.

Les danseurs de la compagnie regrettèrent leur premier violon. On eut le bon goût de ne jamais renouveler la plaisanterie des deux chansons révolutionnaire et aristocrate; on continua du reste à se battre le matin, à se reposer l'après-midi et à s'amuser le soir. — A la guerre comme à la guerre!

IX.

A LA GUERRE COMME A LA GUERRE.

L'ambulance où avaient été transportés les blessés de la compagnie d'Amblemont, le soir même de l'engagement des bois de la Meuse, était établie dans le petit village de Bischoven. Là, quelque temps auparavant, les émigrés français avaient joui d'une très-grande popularité. Il n'était fermière un peu cossue ni villageoise un peu accorte qui n'eût dansé avec chacun des voltigeurs d'Amblemont. Ermel, le premier violon de la troupe, avait obtenu de nombreux succès, dus à son talent musical. Alain avait remporté le prix d'une joûte à la cible dans laquelle les Bischovennois et les émigrés rivalisèrent d'adresse. La cordiale gaité des Français, leur politesse, si rare comparativement aux manières des autres soldats de l'armée coalisée, leur modération, leur discrétion en toutes choses, leur avaient promptement fait des amis parmi les bonnes gens de l'endroit.

Quand la mère Winterhalfen apprit qu'Ermel le *violon* et qu'Alain le *tireur* étaient si grièvement atteints, elle vint en personne les visiter à l'ambulance; elle fit entendre au fidèle Basque qu'elle leur prodiguerait ses soins.

Or, la mère Winterhalfen était une des notabilités de Bischoven; son mari passait pour la forte tête *du crû*, et cette tête, elle la menait par le bout du nez. La demeure de la famille était spacieuse, blanchie avec soin, tapissée de vignes et ornée d'un perron à balustrade en fer. Les quatre fils et les trois filles Winterhalfen, tous grands, blonds et roses, étaient affables à l'extrême, les promesses de la digne mère furent très-rassurantes pour les amis des blessés. Malheureusement l'ambulance étant encombrée, on décida que les malades seraient transférés à Bastogne.

Il y avait trois catégories de blessés : ceux qui allaient se rétablir incessamment, on leur permit de suivre la division; ceux qui avaient besoin de plus grands ménagements et qu'on espérait sauver, on les entassa dans des fourgons de campagne; enfin, ceux que l'on regardait comme morts. Ermel et Alain étaient de ce nombre. Le docteur déclara qu'il était inutile de se charger de gens qui n'étaient plus bons à rien. On résolut de les laisser à la garde des habitants du village, qui les enterreraient au fur et à mesure. Ce fut un bonheur.

La bonne mère Winterhalfen s'étant chargée d'Ermel et d'Alain ils se trouvèrent bientôt couchés dans d'excellents lits, entourés des soins les plus délicats, et soignés avec un zèle incomparable, — si bien, qu'à la grande honte de la médecine militaire, dès que les deux blessés se trouvèrent confiés à des femmes attentives, ils reprirent un peu de vie.

Alain ouvrit les yeux le premier; il chercha Ermel du regard, l'aperçut tout près de lui, voulut faire une question, mais n'en vint pas à bout. — Une des filles de la fermière lui mit le doigt sur la bouche, en lui faisant signe que tout allait bien. — Le Bas-Breton s'endormit paisiblement.

Ermel, dans la même journée, fit un mouvement; on accourut autour de son lit; il poussa un gémissement, rouvrit les paupières, et prononça quelques paroles incohérentes. L'accès de fièvre, vainement attendu par le chirurgien en chef, se déclarait enfin.

Dans la famille Winterhalfen, on regarda ce réveil comme un miracle. Ermel avait au cou la petite croix d'argent que sa grand'mère lui avait donnée. Les bonnes gens l'aperçurent, se la montrèrent les uns aux autres et furent édifiés. Les blessures étaient fermées; d'abondantes saignées avaient été faites dès l'origine; les contusions avaient aussi été pansées. Les fractures étaient peu de chose ; elles avaient été l'objet de soins convenables. La sollicitude empressée des villageois allemands acheva la cure.

Deux jours après leur installation chez la mère Winterhalfen, Ermel et Alain avaient retrouvé l'esprit et la voix.

— Eh bien ! Monsieur Ermel, demanda le Bas-Breton, comment vous sentez-vous ?

— Je ressuscite, Alain; et toi ?

— Si vous vivez, je vivrai aussi; c'est clair !

— Silence ! dit en Allemand la mère Winterhalfen. Empêchez-les donc de parler, mes filles. A quoi penses-tu, Grétha, ne t'ai-je pas dit de mettre des compresses d'eau froide sur le front du beau violon ? Et toi, Rauschen, as-tu dit à Gustaf d'aller chercher le médecin du bourg ? Marien, allons ! je t'avais chargée du maître-tireur, fais lui boire un peu de tisane.

— Mon Dieu ! où sommes-nous donc ? demanda Ermel.

— Chez les anges, m'est avis, répondit le Bas-Breton.

Marien et Grétha mirent bon ordre à cette infraction du silence absolu recommandé par la Faculté. Ermel reconnut enfin les villageoises; mais quand sa fièvre se calma, il s'endormit et rêva que Francésa de Kerfuntun le veillait.

Le médecin du bourg arriva le soir, prescrivit quelques soins fort simples auxquels on se conforma. — L'on était alors au mois d'août 1792.

Huit jours après, le maître et le serviteur entraient en convalescence. Leurs hôtes étaient dans le ravissement.

Cependant l'armée coalisée commençait à se mouvoir, malgré la lenteur des Autrichiens, qui n'envoyaient sous les ordres du prince de Hohenlohe que dix-huit mille hommes, au lieu de cinquante mille promis et annoncés d'abord.

Ermel brûlait déjà de savoir ce que faisait la compagnie d'Amblemont; et quoique depuis longtemps il n'eût été si bien traité que par la famille Winterhalfen, il avait hâte d'être en état de rentrer en campagne. Alain ne partageait pas tout à fait son impatience. La seule chose qui importât au serviteur, était de ne pas se séparer de son maître.

— Le reste, disait-il, ira à la grâce de Dieu.

Quand la mère Winterhalfen, qui connaissait les détails de l'affaire du bois de la Meuse par le récit d'Antonio, les eut transmis à Ermel, le gentilhomme voulut témoigner sa reconnaissance à son brave compagnon. Alain se contenta de répondre :

— Assez, monsieur Ermel, je suis le fils de Pierre Gavésio. Il fallait bien que ça fût de même.

Ermel serra fraternellement la main du Bas-Breton, qui en rougit de plaisir. Les Allemands entendirent ou devinèrent, ils furent touchés.

Les questions et les réponses qu'on se fit de part et d'autre achevèrent de remplir les villageois d'estime et de vénération pour les hôtes du manoir et de la ferme de Rosven, dont on parla fort au long.

— Il paraît décidément, dit gravement le père Winterhalfen, que les Français de cette contrée sont d'honnêtes chrétiens.

Après quoi il but une grande schoppe de bière mousseuse à la santé de Jean-François de La Faugerais, de Pierre Gavésio et de leurs enfants et petits-enfants.

— Sans excepter ceux qui sont assis à notre table ! ajouta-t-il.

— Et que Dieu conduise ! reprit la mère de famille.

Grétha, Rauschen, Marien, Gustaf et ses frères unirent leurs vœux et leurs souhaits à ceux de leurs parents. — Ermel et Alain trinquèrent de bon cœur.

— Encore quelques jours de ce régime, dit gaîment le jeune gentilhomme, et nous serons forcés de vous quitter pour aller faire la guerre. Mais nous vous garderons toujours un tendre souvenir de reconnaissance et d'amitié.

— Mère Winterhalfen, disait Alain, foi de soldat du Roi ! si je n'avais pas dans mon pays une belle promise qui est brune, et qu'on appelle Jeanne du Gavre, je serais bien embarrassé du choix par ici, vu que voici trois blondes qui ne sont pas indifférentes.

Les trois blondes se prirent à rire.

— A la santé de votre brune, s'écrièrent les gens du logis.

— A la santé des trois blondes ! dit Ermel.

— Et vous, monsieur le chevalier, demanda le père Winterhalfen, — car Alain n'avait pas manqué de donner ce titre à son jeune maître, — n'avez-vous pas aussi au pays quelque brune ou blonde qu'on puisse fêter en même temps ?

Ermel balbutia.

— Allons ! allons ! reprit la mère, à celle-là comme aux autres.

Dix jours après, la compagnie d'Amblemont était campée à peu de distance de Thionville, sur la route de Metz. C'était un poste d'honneur.

Un piquet stationnait en avant de la petite butte qui couvrait le détachement. On se tenait sur le *qui-vive*.

Les hommes qui n'étaient point de service ne laissaient point que d'être attentifs ; pour passer le temps, on causait par groupes étendus sur l'herbe. Montreuil dissertait d'un côté, au grand plaisir de quelques jeunes voltigeurs comme lui ; plus loin, d'anciens capitaines, accoudés sur leurs sacs de soldats, fumaient la pipe, en lâchant à rares intervalles quelques mots sententieux ; plus loin, la caisse du tambour était entourée par une quinzaine de joueurs à la drogue ; au nombre desquels on remarquait Antonio.

Le capitaine d'Amblemont et ses lieutenants se promenaient de long en large. En ce moment deux voltigeurs s'approchèrent de lui ; le vieil officier poussa une exclamation d'étonnement, puis il ouvrit les bras.

— Quoi ! vous ici ! mon cher La Faugerais.

— Moi-même, dit Ermel après avoir répondu à l'étreinte cordiale du capitaine.

Alain, pâle et amaigri, se tenait roide à un pas de distance, la main droite à la hauteur de l'œil. Le capitaine d'Amblemont l'aperçut à son tour.

— Ah ! ah ! et toi aussi, mon brave garçon !

— Comme vous voyez, capitaine.

— Mais... mais... reprit d'Amblemont assez sévèrement, je suis enchanté de te revoir ; mais, dis-je, nous avons un ancien compte à régler.

Le voltigeur, immobile comme un piquet, attendit respectueusement.

— Tu as manqué de te faire tuer, et tu n'as eu que ce

que tu méritais, tu as quitté ton poste, ce n'est pas bien, mon garçon. Par ta faute, la compagnie entière a failli se faire écharper. Vous n'avez rien vu de cela, La Faugerais. Par dévouement pour vous, il a mis tous nos camarades dans le plus grand danger.

Ermel n'avait rien à répondre ; Alain, sans hésiter, dit au capitaine :

— Pardon ! s'il vous plaît, je ne comprends pas bien. Voulez-vous dire qu'il fallait laisser M. Ermel sous les pieds des chevaux.

— Il fallait prendre ton poste et de là faire feu.

— Et en attendant, la cavalerie passait sur son corps, il était perdu, et moi, je restais calme comme Baptiste derrière mon arbre.

— Le service avant tout.

— Oui ! celui de M. Ermel, capitaine. J'aimerais mieux être fusillé pour l'avoir sauvé, que d'être fait général autrement.

Le capitaine d'Amblemont détourna la tête ; le Bas-Breton avait attiré un sourire sur ses lèvres et une larme dans ses yeux.

— Au feu, le salut de la compagnie et le service du Roi sont nos premiers devoirs, dit-il d'un ton moins rude,

— Mon premier devoir, capitaine, — mon père me l'a recommandé de même, — c'est de me faire tuer pour M. Ermel. Faites-moi ce que vous voudrez, demain comme hier, voilà mon idée.

— Allons ! dit le capitaine, j'ai tort, Gavésio ; continue comme tu as commencé.

— Merci de la permission ! dit tout haut le voltigeur qui ajouta mentalement : — Quoique l'on s'en fût passé tout de même.

Les joueurs de drogue, les fumeurs et les causeurs n'entendaient point, mais ils voyaient; on avait reconnu Ermel et Alain; leurs amis accoururent à leur rencontre. Montreuil laissa éclater sa joie; Antonio serra la main du Bas-Breton avec enthousiasme.

— Sur l'honneur d'un Basque! s'écria le ci-devant bandit, tu es un brave garçon.

— Hum! répondit Alain. M'est avis que vous feriez bien pour le capitaine ce que j'ai fait pour mon maître.

Le Basque répondit par une pirouette.

— Et ces coups de sabre que vous avez sur la face, c'est-il de la farce?

— N'en parlons pas! je te connais mieux à cette heure.

— Bon! dit tranquillement Alain qu'Antonio entraîna aussitôt à la partie de drogue.

Les jeunes camarades de Montreuil entouraient Ermel et le questionnaient :

— Comment t'en es-tu tiré? — Qu'es-tu devenu? — Nous t'avons cru mort! — On disait que vous étiez tranférés à Bastogne. — Quelles étaient tes blessures? — D'où viens-tu en dernier lieu? — Par où as-tu passé?

Ermel raconta qu'à son réveil il s'était trouvé couché dans un excellent lit, chez la bonne mère Winterhalfen. Toute la compagnie la connaissait.

— Et Rauschen? et Marien? et la belle Grétha? s'écrièrent les jeunes gens.

— Elles nous soignaient, Alain et moi.

— Allons! vous n'étiez pas trop à plaindre, dit un joyeux compagnon.

— Doucement!.... Ils étaient à demi morts.

— N'interrompez donc pas! — Silence! — A l'ordre les bavards!

— Et vous ne pouvez vous faire une idée des attentions délicates de tous ces braves gens, poursuivit Ermel.

— Je gagerais que Grétha lui donnait sa tisane.

— A moins que ce ne fût une de ses sœurs, dit Ermel en riant. Du reste, j'ai commencé à revenir à moi dès que j'ai été débarrassé de MM. les chirurgiens prussiens.

— Ça fait leur éloge, dit un camarade.

— Ce sont des ânes, voilà un axiome ! cria Montreuil.

— J'étais cependant maléficié.

— Je l'atteste !

— Montreuil ! silence !

— J'avais une balle dans chaque bras, un coup de sabre sur la tête, poursuivit Ermel en ôtant son chapeau tricorne, et une côte enfoncée, des fractures aux doigts de la main gauche, des foulures et contusions de tous côtés ; une fièvre de cheval ! Alain était deux fois plus maltraité que moi.

— Et maintenant ? demandèrent avec intérêt plusieurs des camarades.

— Je vais tout doucement ; lui est assez bien.

— Pourquoi revenir sitôt ? Tu ne pourras pas soutenir les fatigues de la campagne.

— A sa place je serais joliment demeuré: ô Bischoven ! Bischoven !

— Il ne tenait qu'à nous de rester, la mère Winterhalfen ne voulait pas nous laisser partir, mais je me sentais mieux. Si ma main gauche était bien remise, je ne me plaindrais de rien.

Ermel expliqua comment ils avaient rallié Longwy, d'où on les avait dirigés sur le camp de Thionville : — Tout en marchant, Alain et lui, disait-il, reprenaient des forces.

Les jeunes voltigeurs reparlèrent avec éloge des blondes

Winterhalfen et de Bischoven, où leurs huit jours de cantonnement avaient été un vrai temps de délices.

— Nous aurions dû, en partant de là, s'écria Montreuil, inscrire sur un poteau monumental : « Ici fut Capoue pour la compagnie d'Amblemont ! »

On riait, on devisait gaîment, quand un coup de fusil partit au-delà de la butte.

— Aux armes ! à vos rangs ! commanda le capitaine.

Le piquet se replia sur la hauteur ; — le compagnie se porta en avant au pas de course. Le boute-selle sonnait sur toute l'étendue de la ligne. Le cri *alerte !* se faisait entendre.

Sur les crêtes parurent en même temps des troupes échelonnées qui présentaient un front bien soutenu.

Les ennemis, qui s'étaient inopinément montrés aux avant-postes, faisaient partie des nouvelles levées qu'on dirigeait sur Metz. On avait ordre de ne pas s'aventurer dans le pays, de crainte de tomber dans quelque embuscade. La cavalerie poussa seulement une reconnaissance, enleva quelques caissons, prit quelques traînards, et ce fut tout.

Des officiers d'ordonnance parcouraient la ligne ; bientôt on se forma en colonne. La compagnie d'Amblemont suivit le mouvement. On marchait sur Verdun, en laissant à droite Sedan, devenu le quartier général de Dumouriez, et à gauche Metz, que masquait un corps de troupes destiné à protéger le flanc de l'armée coalisée.

Soutenu par sa force morale, Ermel ne restait pas en arrière ; Montreuil portait son sac de temps en temps. Antonio soulageait de même le pauvre Alain, qui soupirait en voyant Ermel reprendre le fardeau. On couchait sur la dure, le emps était humide et froid. Alain voulait qu'Ermel se couvrît davantage.

— Monsieur, si vous preniez ma casaque ?

— Je ne veux pas ; je n'ai pas froid.

— Vous grelottez ; songez donc que vous étiez encore malade voici dix jours.

— Je suis guéri, mon bon Alain, merci !

— C'est égal !

— Non, ce n'est pas égal, tu es convalescent toi-même, tu attraperais du mal.

— Je suis fort, disait Alain, vous êtes trop bon de vous inquiéter de moi.

— Allons donc ! Alain, je veux que tu aies soin de toi.

— Mais, Monsieur....

— Par amitié pour moi, que diable !

Le 22 août 1792, Longwy avait ouvert ses portes à l'armée prussienne. Le plus grand désordre régnait dans les rangs des révolutionnaires. La Fayette, décrété d'accusation, s'était vu obligé de passer la frontière et avait été fait prisonnier par les Autrichiens ; Dumouriez, qui le remplaçait, n'inspirait encore que peu de confiance à ses troupes.

Les Prussiens bloquèrent Thionville.

Le 2 septembre, Verdun se rendit au duc de Brunswick, qui fit halte et se contenta d'occuper Stenay ; l'armée combinée, au lieu de se porter en avant, ou de raffermir sa base d'opérations en s'emparant des places fortes laissées derrière, s'étendit dans les plaines qui bornent la Meuse.

Ces premières tentatives, couronnées de succès, furent dirigées sans ensemble, sans unité de plan. Le désaccord des coalisés leur fut plus nuisible encore que ne le furent à l'armée française la faiblesse d'organisation et le défaut de discipline.

Dumouriez parvint à établir son autorité, tandis que la présomption du roi de Prusse et la lenteur du duc de Brunswick se combattaient et qu'on ne s'arrêtait à aucune résolution. Monsieur arriva. La compagnie d'Amblemont se réunit aux troupes françaises conduites par les Princes, elle continuait à prendre une part active à tous les travaux de la campagne. Si cette compagnie était loin d'être aussi brillante que la cavalerie commandée par le comte d'Artois, elle le disputait par la bonne tenue à tous les autres corps d'émigrés. Il n'en était pas de plus aguerri ni de mieux manœuvrant.

D'Amblemont déployait en sous-ordre le même zèle, la même vigueur militaire dont il avait déjà donné tant de preuves aux avant-postes. Il servait sous des princes français; il portait la cocarde avec laquelle il avait fait ses premières campagnes; le drapeau qui flottait au centre de sa colonne était le même qu'il avait vu déployé à la bataille de Johannisberg, lorsqu'il entrait dans la carrière des armes.

L'irritation des émigrés était extrême, ils venaient d'apprendre que le Roi et sa famille étaient enfermés au Temple. Vaincre ses ennemis, le délivrer, le venger, tel était leur vœu. L'enthousiasme exaltait les cœurs de tous ces soldats de la monarchie, qui portaient le mousquet après avoir porté l'épée, et qui n'auraient pas hésité un instant à marcher sur Paris, s'ils avaient pu l'emporter sur les timides incertitudes des chefs de l'armée combinée.

D'Amblemont passa la revue des Princes et reçut des éloges pour les services rendus par sa compagnie.

— Eh bien! Alain, si nous étions restés à Bischoven! disait Ermel transporté d'ardeur,

— Je pense, dit simplement le Bas-Breton, que la nuit dernière vous auriez couché dans un bon lit, et que vous ne passeriez pas la prochaine à la belle étoile.

— Sommes-nous donc venus ici pour nous dorloter?

— Je ne dis pas! Seulement si votre main gauche était bien rétablie.

— Oh! je puis manœuvrer mon fusil, je n'en demande pas davantage. Vive le Roi!

Il est de fait qu'à partir de ce jour solennel, mémorable pour tous les émigrés, mais heureux surtout pour la compagnie d'Amblemont, qui se réunissait au corps des princes français, Ermel se retrouva dans son état normal.

Le lendemain, après une longue marche, il put prendre part aux jeux de la compagnie, qui campa non loin de Varennes, lieu de cruels souvenirs.

— Ici, disaient les émigrés, les révolutionnaires ont arrêté le Roi, mais à présent ils ne nous arrêteront pas! nous le délivrerons.

Ces propos contre-balançaient l'effet des tristes pensées que provoquait l'aspect des lieux.

Le surlendemain, la compagnie d'Amblemont opéra sa jonction avec un nouveau corps d'émigrés et d'Autrichiens commandés par le prince de Ligne. On fraternisa. Ermel, dans l'après-midi, s'aventura à reprendre son violon.

— Vois-tu, Alain, mes doigts sont remis, il n'y paraît plus; et en effet la main gauche pinçait les cordes à merveille.

— Montreuil! ton cor, et allez donc! grande aubade!

— Notre premier violon est ressuscité! disaient les voltigeurs en accourant.

On passa encore une bonne soirée; autant de pris sur l'ennemi! Et en l'honneur de la jonction, le fameux *pot-pourri* de Saintes, qu'on semblait avoir oublié pendant l'absence de La Faugerais, fut de nouveau chanté et joué à grand orchestre.

Les Autrichiens ne comprenaient rien à la belle humeur des émigrés français. Il faisait froid, il pleuvait, on avait de la boue jusqu'à la cheville, le ventre creux, et pas un pauvre plat de choucroûte au lard, pas un méchant verre de *schnick* ou de *schnaps,* pas une triste schoppe de bière.

Antonio sautait en vrai Basque; Alain ne laissait à personne sa part de plaisir : c'était Ermel qui conduisait l'orchestre. Montreuil, pendant un intermède, chanta quelques grands airs révolutionnaires travestis. D'Amblemont encourageait ses jeunes soldats.

— Très-bien, camarades! Très-bien. Voilà comme il faut être à la guerre! La gaîté tient le corps et l'esprit dispos! Et demain, en avant!

— En avant les dames! cria Montreuil, chassez et déchassez!

A défaut des paysannes de Bischoven, les dames étaient de simples tirailleurs.

— Nous en chasserons bien d'autres! dit Ermel

— La queue du chat! reprit Montreuil

— Et on leur fera la queue!

— Battez l'entrechat en dix temps et divers mouvements!

— Grand rond et moulinet!

— Bravo! supérieurement! disait le capitaine, pendant que sa troupe infatigable se délassait ainsi de quatre heures de marche sur la lisière de l'Argonne. — Ils n'ont pas froid ce soir, j'espère! ajouta-t-il.

— Ils auront encore plus chaud demain, répondit un spectateur.

Le lendemain, en effet, il fit chaud devers la Croix-au-Bois.

X.

PRESSENTIMENTS.

Le doigt sur la carte, Dumouriez disait, en montrant la forêt de l'Argonne :

— « Voici les Thermopyles de la France; si je puis y être avant les ennemis, tout est sauvé ! »

Cette forêt à jamais célèbre couvre une quinzaine de lieues situées entre Sedan et Passavant. Son terrain inégal, coupé d'eaux et de bois, de marais, de clairières et de fourrés, la rend impénétrable pour une armée, sinon par quelques passages que Dumouriez jugea nécessaire d'occuper.

Habile à profiter des lenteurs et des fautes des coalisés, malgré la mauvaise composition de ses troupes, sujettes à des terreurs paniques, et qui se croyaient trahies à chaque instant, Dumouriez conçut et exécuta son plan avec la hardiesse d'un grand général.

Pendant que les Prussiens perdent leur temps en escarmouches inutiles, il s'empare des cinq défilés qui traversent l'Argonne.

Déjà sûr du succès, il écrit au pouvoir exécutif « qu'il est aux Thermopyles, mais qu'il sera plus heureux que Léonidas. »

Toutes ses combinaisons réussissent à souhait, il a déjà remporté quelques importants avantages.

Brunswick, cependant, ne pouvant plus traverser la forêt, résout de la tourner. Tout à coup il apprend que la garde d'un passage secondaire a été négligée par le général français. Dumouriez, mal informé, n'a pas suffisamment défendu le poste de la Croix-au-Bois. Le prince de Ligne reçoit l'ordre de l'enlever. Les émigrés s'élancent, ils renversent tout sur leur passage : la victoire, ce jour-là, fut aisée.

Ermel fit des prodiges de valeur, il tenait à réparer le temps perdu ; Alain volait sur ses traces. Les tirailleurs d'Amblemont eurent presque tout l'honneur de cette première action, qui fut suivie par trois journées de combats acharnés.

Dumouriez envoie le général Chasot avec des forces suffisantes pour repousser les émigrés et les Autrichiens.

Le 15 septembre, l'effort des Français fut terrible. Le prince de Ligne exhorte ses troupes à tenir ferme, il donne l'exemple d'une résistance opiniâtre ; d'Amblemont et ses voltigeurs, formés en peloton, sont inébranlables. Mais les Autrichiens cèdent devant l'impétuosité française; le prince de Ligne en ralliant sa colonne, fut tué. Les émigrés se retirent afin de n'être pas enveloppés par le général Chasot, qui fait tirer à mitraille sur leur héroïque cohorte.

Deux heures après, la lutte recommence; c'est au tour des émigrés de prendre l'offensive, ils brûlent de venger un récent échec. Secondés par les Autrichiens, ils débusquent les révolutionnaires; la route de Paris est ouverte.

Dumouriez avoua que son armée était en déroute si l'ennemi avait su profiter de la position. Mais les indécisions des coalisés lui donnèrent le temps de tout réparer.

Les trois jours de combats de la Croix-au-Bois furent féconds en traits de bravoure et d'audace.

Sage et ferme dans la retraite, aussi ardent au feu que le dernier de ses soldats, d'Amblemont soutint plusieurs fois avec sa seule compagnie tout l'effort des deux brigades du général Chasot. Plusieurs engagements à la baïonnette eurent lieu. On se chargeait avec une égale furie.

La compagnie d'Amblemont fut ensuite détachée en tirailleurs; elle excellait à ce genre de combat : son capitaine savait toujours prendre le poste le plus favorable.

Au dernier assaut, les émigrés se précipitèrent tête baissée; Montreuil, Ermel et Alain passèrent comme par miracle à travers une grêle de mitraille. Antonio, qui marchait à côté du capitaine, trouva dix balles dans ses habits, et en conclut rigoureusement que l'affaire avait été sérieuse.

La victoire était triste, — aussi triste que la guerre et que les causes qui l'avaient allumée, — on perdait tant de braves frères d'armes ; le capitaine envoya son Basque au dépôt des bagages, où se trouvait un prêtre émigré que l'on pria de se rendre sur le lieu de l'engagement.

Une fosse profonde fut creusée, amis et ennemis devaient y dormir en commun. Cette même compagnie dont la gaîté folle étonnait tant les Autrichiens trois jours auparavant, les édifia par son recueillement et son respect pour les morts.

Il y avait plusieurs escouades entièrement composées de vrais chrétiens; les plus tièdes vénéraient au moins les mystères; un esprit-fort eût été mal venu dans la troupe où servaient Ermel de La Faugerais et Alain Gavésio.

La compagnie commandée par d'Amblemont était évidemment formée de gens dévoués, d'hommes qui faisaient passer leurs principes avant leurs intérêts, et dont les convictions, retrempées par le malheur, étaient devenues plus fermes, car la souffrance développe la foi.

La monarchie et la religion, persécutées ensemble, faisaient cause commune ; les défenseurs de la première pouvaient-ils n'être pas fidèles serviteurs de la seconde ?

Un vénérable vétéran de l'émigration française dit en parlant de la chambrée qu'il présidait en qualité de chef d'ordinaire :

— « Je devins comme le père de douze jeunes hommes
» paisibles, instruits, bons et braves, réunion difficile à re-
» produire. On apprenait chaque jour à se connaître davan-
» tage ; on s'aimait, chacun prenait de son camarade ce
» qu'il trouvait de mieux en lui ; le beau et l'honnête nous
» occupaient seuls, les vices nous étaient étrangers, les fa-
» tigues tolérables, et la pauvreté indifférente. Oh ! mes
» vaillants amis ! peu d'entre eux ont survécu. »

Et plus bas, ému par ces nobles souvenirs, le vieillard ajoute :

« Salut, pure amitié ! sentiment plein de charme, délices
» de l'âme innocente et de celle qui s'est vouée à la vertu,
» émanation de la charité qui unit entre eux les esprits cé-
» lestes. Tu es le seul lien que ne soient pas obligés de rom-
» pre les voyageurs de cette vallée de souffrances qui se
» sont mis à la suite de leur divin Maître, et ils se plaisent
» à te voir briller dans la dernière *Cène* qu'il fit avec ses
» disciples, où la tête de Jean le bien-aimé reposa sur son
» cœur. Sainte amitié ! tu t'élèves, au-dessus des liaisons
» passagères qui se forment dans la poursuite des vains
» plaisirs et des périlleux biens de ce monde, et l'infidélité
» ne se trouve pas en toi ! Tu es la douceur du foyer du pa-
» triarche, le repos des vierges, la consolation des guer-

» riers ! avec ton aide, les âmes font des efforts vers le bien,
» et elles se dégagent des faiblesses de la nature (1). »

S'il y eut à Coblentz une certaine classe de nobles émigrés dont le jugement faux s'était laissé égarer par les plaisanteries infâmes de l'auteur de la *Pucelle ;* si l'école voltairienne avait ses représentants parmi les aristocrates d'outre-Rhin, il faut dire que ces messieurs ne s'aventurèrent pas le mousquet sur l'épaule, et regrettèrent souvent de n'avoir pas embrassé la liberté et l'égalité à la condition de rester riches dans leur pays. Ces beaux parleurs, qui les premiers avaient préconisé à Versailles le règne de la Raison, ne trouvant pas dans leur langage philosophique l'abnégation et le dévouement, souffrirent d'autant plus qu'ils croyaient moins.

Le capitaine d'Amblemont était un véritable chevalier français. Par son caractère, il descendait de Bayard, dont la vie était pour lui l'objet d'une sorte de culte. Comme le *bon chevalier*, il était sans peur et sans reproche ; simplesse, fidélité, désintéressement, bravoure s'unissaient en lui à cette piété sincère qui brille d'un éclat si pur sous la cotte de maille du guerrier. La discipline moderne, l'esprit militaire du temps complétaient sa personnalité ; Bayard se fût précipité en avant pour sauver son ami, on a vu d'Amblemont réprimander ceux qui avaient sauvé le sien : car son ancien lieutenant dans Artois était celui de ses soldats qu'il aimait le plus tendrement ; depuis plusieurs années ils servaient ensemble ; depuis quelques mois d'Amblemont guidait Ermel sur la route de l'exil, et lisant à livre ouvert dans le cœur du jeune émigré, il n'y avait jamais trouvé que des pensées dignes d'un gentilhomme.

La compagnie, réduite de près de moitié, était en deuil

(1) Cazotte, *Témoignage d'un Royaliste.*

des braves tués à la Croix-au-Bois. Rappelée ainsi que les autres corps d'émigrés qui avaient combattu sous le prince de Ligne, elle traversa l'Argonne en silence. Montreuil lui-même était sombre. Le capitaine sentait son cœur se gonfler lorsqu'il jetait les yeux sur les rangs décimés de sa valeureuse cohorte.

Le 19, on se réunit aux princes ; d'Amblemont et ses collègues furent complimentés royalement.

— Quelqu'un de vos braves s'est-il plus particulièrement signalé? demanda le comte d'Artois au vieux capitaine.

— Non, Monseigneur, ils se sont battus avec une égale intrépidité.

— Nommez-moi, je vous prie, ceux dont les familles peuvent m'être connues, dit le prince.

D'Amblemont cita d'abord ses deux lieutenants, puis quelques vétérans de sa troupe.

— M. de Wailly, ex-capitaine de Vermandois, blessé grièvement ; le chevalier du Parc, Béarnais, mort ; Charpentier des Ilets, créole de la Martinique, provenant d'Anjou, excellent soldat. Je citerai encore mon ancien lieutenant dans Artois, le chevalier Bozec de La Faugerais, d'une vieille famille bretonne.

Au ton dont ces derniers mots furent prononcés, le prince reconnut que le cœur du capitaine parlait.

— La Faugerais, je connais ce nom, dit le comte d'Artois. Ils servent dans la marine, ce me semble ?

— Oui, Monseigneur, il y en a eu plusieurs dans cette arme ; l'un d'eux est encore capitaine de vaisseau.

— Et quel est le grade de votre jeune ami ? demanda le prince avec un sourire.

— Simple voltigeur.

— Nous vous donnerons pour récompense son brevet de capitaine et sa lieutenance dans votre compagnie actuelle.

Le prince s'attendait aux remercîments de d'Amblemont; mais le vieil officier prenant respectueusement la parole :

— Je vous demande pardon, Monseigneur, cette dernière faveur serait un passe-droit; ses anciens portent le mousquet, je vous prierai de ne pas les décourager par un choix contraire à nos coutumes.

— Je reconnais votre rigidité de principes; très-bien, monsieur le capitaine d'Amblemont; qu'il reste donc simple voltigeur jusqu'à nouvel ordre.

Un instant après une commission de capitaine titulaire pour Ermel de La Faugerais, qui n'en continua pas moins son service comme tirailleur, fut apportée à d'Amblemont. Le soir, quand on fut campé, le vieil officier la remit à Ermel.

— Voici un titre honorifique : c'est votre récompense et la mienne, La Faugerais, mais j'ai refusé pour vous la lieutenance de notre compagnie. Charpentier, Wailly, Tornils et tant d'autres y avaient droit avant vous.

— Vous avez bien fait, capitaine, dit vivement Ermel.

— Grâce à Dieu, vous m'approuvez, mon ami ; je serais mort avec un regret s'il en était autrement.

— Mort ! s'écria le jeune gentilhomme.

— Oui ! j'ai pour la première fois de ma vie le pressentiment parfait de ma fin prochaine; et, je vous aurais fait appeler ce soir, quand même je n'aurais pas eu à vous transmettre le message de nos princes.

— A Dieu ne plaise que vous ayez raison ! reprit Ermel avec émotion.

— Non ! non ! plaise à Dieu au contraire qu'il en soit ainsi, répondit le capitaine; le jour où il m'appellera à lui sera le beau jour. Ecoutez, Ermel ; jusqu'à présent j'ai été votre conseil; vous allez me perdre, je le sens. Après moi, restez à la compagnie tant qu'elle sera formée ; ensuite, rejoignez votre famille.

— Capitaine ! s'écria le jeune homme étonné.

— Je suis un vieux soldat, mon ami; je me suis tû jusqu'à présent ; à quoi bon blâmer la conduite de ceux qui nous commandent! Il ne m'appartenait pas de les juger. A l'heure qu'il est, il faut que je vous avoue ma pensée. On a fait trop de fautes pour retirer aucun fruit de la campagne. D'ici à un an, que se passera-t-il ? Je ne vous dirais pas cela si je ne tenais à vous donner mes derniers avis. Ne refaites plus ce que nous avons fait. Je voudrais être mort sur le seuil de ma porte, en criant : *Vive le Roi!* Je voudrais être mort, le 10 août, à côté du roi Louis XVI, en le défendant contre les bonnets rouges ; mais ces Prussiens et ces Autrichiens me suffoquent. Je les déteste presque autant que les Anglais !... Vous irez en Bretagne ! c'est entendu.

Ermel dut se retirer; le capitaine le chargea de répéter à Montreuil ce qu'il venait de lui dire.

— Je n'ai pas voulu le faire appeler, ajouta-t-il, parce qu'il est rieur; mes pressentiments lui auraient paru ridicules. Adieu, laissez-moi. Cette veille est pour moi la veille des armes. J'ai besoin de prier.

Le jeune homme sortit bouleversé de la tente du capitaine.

D'Amblemont planta son épée en terre et pria humblement devant cette croix du soldat chrétien; ensuite l'ayant essuyée et remise au fourreau, il dormit d'un sommeil paisible.

Antonio le contempla quelques instants avec admiration. Sous un tel maître le Basque était devenu un homme nouveau ; le caractère de contrebandier s'effaçait peu à peu pour faire place à des idées militaires ; plus il observait le capitaine, plus il l'aimait; et son attachement pour lui ne peut être comparé qu'à celui d'Alain Gavésio pour Ermel de La Faugerais

XI.

CANONNADE DE VALMY.

Avant le jour l'armée coalisée sortit de ses retranchements ; de grands mouvements de troupes avaient lieu sur l'une et l'autre rive de l'Auve et de l'Aisne. D'Amblemont, sans bien se rendre compte du dessein qu'on se proposait, jugea que le soleil levant éclaircirait une action plus sérieuse qu'aucune de celles qui avaient eu lieu jusque là.

Et en effet, les Prussiens, débouchant par Grand-Pré, où les Français, encore mal aguerris, avaient essuyé un échec quatre jours auparavant, se trouvèrent en présence des terrains occupés par Dumouriez et par Kellermann. Ce dernier ne s'était rapproché que la veille de son général en chef ; il était à la tête de plusieurs vieux régiments de cavalerie et de bonnes troupes déjà rompues aux fatigues de la guerre. Dumouriez recevait chaque jour de nouveaux renforts. Des bataillons de recrues, moins utiles qu'embarrassants par leur insubordination, leur inexpérience et la mauvaise qualité de leur équipement militaire, lui arrivèrent de Paris et des départements. D'un autre côté, Kellermann et le général Dillon, frère de celui qui avait été massacré à Lille, lui avaient amené des corps sur lesquels on pouvait compter.

Les coalisés, pleins de présomption, se félicitaient déjà de cette jonction si avantageuse aux Français, et pensaient écraser d'un seul coup toutes leurs forces réunies.

D'Amblemont, à qui l'on rapporta ces propos, fit un signe de mécontentement; puis se tournant vers ses voltigeurs:

— Camarades, dit-il, la journée sera rude. Je n'ai pas besoin de vous exhorter à être braves. Vive le Roi! et en avant!

— Vive le Roi! répondit la compagnie.

Antonio ne se rappelait pas que d'Amblemont eût jamais annoncé de la sorte un engagement prochain.

— Ah! ah! se dit-il, le capitaine a l'air de croire que nous n'avons fait que peloter jusqu'ici. Voyons donc un peu, je veillerai!

Ermel avait répété à Montreuil sa conversation de la veille avec leur vieux commandant. Montreuil se prit à rire. Pour son compte il partageait la confiance de l'armée et se moquait des révolutionnaires. Mais Ermel avait été profondément touché par les paroles du capitaine; elles ne sortaient pas de son esprit, et tout en marchant il se laissait aller aussi à des craintes inconnues.

La compagnie d'Amblemont, comme toujours, était à l'avant-garde, qui rencontra, sur la route de Châlons, l'avant-garde de Kellermann, dont le corps de bataille occupait la hauteur de Valmy.

L'action s'engage à l'instant par une vive fusillade; un feu terrible part presque aussitôt de toute la ligne; le canon gronde; Dumouriez envoie des secours à son lieutenant-général, dont la résistance seule peut sauver l'armée française.

Les émigrés, pleins d'ardeur, s'avancent et mettent en fuite leurs adversaires ; un corps de carabiniers français accourt et rétablit le combat. Le brouillard et la fumée cachent aux généraux leurs positions réciproques ; la valeur individuelle va prendre pour un moment la place de la tactique.

Le retour offensif des carabiniers de Kellermann, commandés par le général Valence, jette le désordre dans les rangs des Prussiens. Les émigrés eux-mêmes plient ; mais à la voix de d'Amblemont, ses braves croisent la baïonnette ; les autres compagnies de royalistes français en font autant. On se sabre, on se bat à brûle-pourpoint, un effroyable tumulte succède aux efforts réguliers de la troupe, il faut reculer encore.

Cependant l'artillerie prussienne est postée sur la colline de la Lune ; de là elle fait un feu nourri sur le moulin de Valmy, centre de la défense des Français, qui s'y entassent confusément.

Kellermann risque d'être rejeté au-delà de l'Auve et d'être séparé de Dumouriez qui envoie des troupes pour occuper les positions intermédiaires ; ces ordres sont mal exécutés. Les obus pleuvent sur l'armée française ; la première ligne va céder.

D'Amblemont a rétabli l'ordre dans sa compagnie, qu'un feu meurtrier a réduite encore ; mais des cris de victoire retentissent dans l'armée coalisée. Brunswick trouve qu'il est temps de gravir la hauteur et de culbuter à la baïonnette les troupes françaises.

En ce moment, il était environ midi, le brouillard qui enveloppait les deux armées se dissipe tout à coup. Les canons font silence. Les Prussiens s'avancent sur trois colonnes serrées, les émigrés sont en tête de l'une d'elles.

Kellermann se voit perdu sans ressource s'il ne peut opposer un front solide aux masses qui marchent sur lui. — Il s'élance au milieu des siens et pousse le cri de *Vive la Nation !* Mille voix lui répondent. Comme par enchantement, les soldats, tout à l'heure effrayés, reprennent leurs postes; les bataillons sont reformés ; la charge bat des deux côtés.

On va se heurter ainsi dans toute l'étendue de la ligne. Il faudra qu'une des deux armées écrase l'autre. L'aspect du champ de bataille rappelle en cet instant celui des champs de bataille antiques; c'est à l'arme blanche qu'on va s'ouvrir un sanglant passage.

Brunswick, encore indécis, fait faire halte à ses troupes.

Les Français, au contraire, marchent toujours en avant.

D'Amblemont poussa un soupir en se voyant contraint d'arrêter l'élan de ses braves ; — c'était s'enlever l'offensive que de ne point continuer à forcer le pas.

Une colonne de bons soldats se trouve en face de la compagnie, le choc a lieu, personne ne recule.

— Ferme ! serrons nos rangs, crie le capitaine.

Wailly tombe mortellement frappé ; d'Amblemont prend son fusil et entre dans le rang. A côté du capitaine était Antonio, qui ne l'avait pas perdu de vue depuis le commencement de l'action. On se bat sur un monceau de cadavres, mais nul ne cède un pouce de terrain.

Montreuil était à gauche d'Ermel, il se découvre, un grenadier français le frappe :

— Vive le Roi ! crie Montreuil, et il roule au milieu de la mêlée.

Ermel le venge à l'instant. Alain, qui était à gauche du jeune gentilhomme, le préserva d'un coup semblable en parant la baïonnette d'un autre grenadier.

Une lutte si terrible ne pouvait se prolonger longtemps.

Les deux colonnes prussiennes hésitent et battent en retraite ; le flanc des émigrés est dès lors à découvert. La cavalerie française fond sur eux.

— Ah ! les malheureux ! s'écria d'Amblemont, ils ont plié.

— Maudits soient les Prussiens ! Lâches ! misérables ! ils nous abandonnent ! hurla Antonio désespéré.

D'Amblemont fait serrer les rangs et se porte sur sa droite, qui est sans défense ; il faudrait improviser une nouvelle ligne. Il est trop tard.

Les émigrés, pris en tête et en flanc à la fois, sont foulés aux pieds par la cavalerie. Les Prussiens battent en retraite.

Les Français montrent à l'Europe coalisée quelle est leur puissance nouvelle, quelle sera leur valeur militaire ; les plus timides se transforment en héros. Les troupes de Brunswick ne peuvent tenir contre leur fougue martiale. D'autres Français étaient seuls capables de résister encore.

D'Amblemont se bat en simple soldat ; Antonio est à côté de lui. Un cavalier lève son sabre sur le capitaine, le Basque lui tire à bout portant son dernier coup de fusil. Au même instant une colonne de grenadiers s'avance à la baïonnette d'un côté, pendant que de l'autre la cavalerie continue à sabrer avec fureur.

Une baïonnette menace la poitrine de d'Amblemont, Antonio jette un cri terrible et la détourne.

— Rendez-vous ! dit un officier de dragons.

— Nous rendre ! Jamais ! répond le capitaine.

Il n'avait pas fini de parler, qu'il tomba frappé d'une balle.

Antonio se précipita d'un bond sur le cavalier qui avait tiré ; avec son incroyable agilité de Basque, il le prend à bras-le-corps sur le cheval, le démonte et le tue.

Le capitaine était vengé ; mais le fidèle contrebandier ne

profita pas de sa victoire; trois coups de pistolet l'atteignent, il roule sous les pieds des chevaux.

A peu de distance de là Alain, en défendant Ermel, reçut un coup de sabre ; Ermel, atteint d'une balle à la cuisse, est obligé de mettre genou à terre, et dans cette attitude, il brûle jusqu'à sa dernière cartouche.

Tout à coup les dragons s'élancent au galop, franchissent l'endroit où venait de combattre la compagnie d'Amblemont et chassent les Prussiens.

L'action s'était déplacée. Le lieu où tant d'héroïques défenseurs de la monarchie avaient succombé les armes à la main était abandonné ; il ne présentait qu'un amas confus de morts et de mourants.

Ermel et Alain, tombés l'un à côté de l'autre, se traînent à travers un monceau de cadavres. A chaque pas, ils reconnaissent des frères qui ont rendu le dernier soupir ou qui râlent en expirant.

Sans avoir rencontré le corps de Montreuil, ils arrivent ainsi jusqu'à d'Amblemont. Le capitaine gisait la face tournée du côté de l'ennemi ; Antonio était sans mouvement à ses pieds.

Ermel s'arrête-là et les contemple un instant. Il pose la main sur le cœur de d'Amblemont; ce noble cœur n'a pas cessé de battre. Aidé par Alain, Ermel soulève la tête du mourant, qui entr'ouvre les yeux et les reconnaît.

— Dieu et le Roi! murmure le capitaine; priez pour mon âme!...

Ce furent là ses dernières paroles; ses muscles se détendirent; puis une sérénité chrétienne illumina ses traits glacés par la mort.

Alain retourna le corps d'Antonio, il n'y reconnut aucune trace de vie, et alors, plus occupé d'Ermel que des scènes d'horreur dont il était témoin, il se redresse, prend la main de son jeune maître, et lui demande ce qu'il faut faire.

Abîmé dans sa douleur, Ermel ne l'entendit pas; il pleurait sur le cadavre de d'Amblemont, et l'invoquait en priant.

— Mon brave capitaine, disait-il, vous comparaissez devant Dieu ! Que Dieu vous entende ! Comme nous prions pour votre âme, priez pour nous, vos fidèles serviteurs.

— Oui ! oui ! dit Alain, celui-là était un saint ! C'est la vérité !

Mais le Bas-Breton ne se laissa point attendrir ; voyant qu'Ermel priait et pleurait sans lui répondre, il examina les lieux afin de voir ce qu'il y avait de mieux à faire. Sa blessure était un coup d'écharpe, qui avait glissé sur sa joue gauche et enlevé une partie du menton ; son épaulette et son baudrier avaient été taillés ensuite, l'épaule et le devant de la poitrine n'étaient que faiblement entamés. Au premier moment, Alain était tombé, baigné dans son sang, mais par le fait il n'avait rien perdu de ses forces; il déchira la chemise d'un des morts, banda sa joue, et prépara un tampon de linge qu'il lia sur la cuisse d'Ermel. Puis, jetant par terre son sac et son fusil, il chargea le jeune gentilhomme sur son épaule droite, et se dirigea vers des taillis voisins que les Français n'avaient pas encore occupés.

La cavalerie de Kellermann tenait la vallée; elle séparait de l'armée prussienne les deux voltigeurs de d'Amblemont. Dès qu'il fut dans le bois taillis, Alain posa son cher fardeau à l'abri, courut chercher deux carabines, garnit sa giberne et revint en toute hâte.

Ermel, cependant, avait recouvré ses sens, il s'aperçut que sa plaie était pansée; quand il vit Alain qui accourait :

— Adieu ! Alain, il ne me reste qu'à attendre la mort. Toi, passe par les marais, tu pourras rejoindre l'armée.

— Ah ça ! monsieur le chevalier, est-ce là vos ordres? dit le Bas-Breton avec colère.

— Mais je ne puis marcher, et nous sommes trop loin du camp pour que tu m'y portes.

— Il me semblait, monsieur, que vous deviez mieux connaître le fils de Pierre Gavésio.

La voix du fidèle voltigeur ne vibrait plus, elle tremblait; des larmes roulaient dans ses yeux.

— Alain, écoute-moi, dit Ermel. Tu vas prendre ce brevet de capitaine que j'ai là sur ma poitrine, et, quand tu seras au pays, tu le remettras à mon père en souvenir de moi.

— Au pays! Monsieur! nous n'y rentrerons pas l'un sans l'autre, c'est-à-dire que l'on ne m'y verra pas sans vous, je m'entends! Ainsi donc, poursuivit le voltigeur en mettant les deux carabines en état de faire feu, — voyez ce qu'il vous plaira le mieux : rester ici et attendre à l'affût, ou sortir du bois, comme vous le disiez tout à l'heure, et je vous porterai.

Un nouveau combat de générosité eût fait perdre inutilement un temps précieux, Ermel connaissait l'opiniâtreté bretonne de son serviteur.

— A ton choix, dit-il, je vois bien qu'il faut te céder.

— A la bonne heure! dit Alain. Voyons voir.

A ces mots, il aperçut une troupe de grenadiers qui marchaient en droite ligne vers le petit bois. Kellermann avait ordonné de s'emparer de cette position, où les tirailleurs prussiens auraient pu s'embusquer plus tard. L'affaire n'était pas finie.

Les troupes coalisées se retiraient, il est vrai, et en assez bon ordre, sauf sur l'extrémité des ailes, que les cavaliers français harcelaient encore; mais à quatre heures, Brunswick revint à la charge. —Enfin, ramené de nouveau tambour battant, il abandonna tout à fait la partie, laissant aux Français l'honneur de la journée, qu'on appela depuis la *canonnade de Valmy*, car plus de vingt mille coups de canon furent tirés.

Or, ce fut entre les deux attaques principales qu'un bataillon de grenadiers reçut l'ordre de se poster en avant du bois. La position d'Ermel et d'Alain était épouvantable.

En face d'un danger si pressant, le serviteur n'hésite plus. Sans rien ajouter, il charge de nouveau son maître sur ses épaules. D'une main il le soutenait, de l'autre il s'appuyait sur sa carabine comme sur un bâton. Ses jambes faiblissaient, le sang qu'il avait perdu, l'émotion, la fatigue lui enlevaient une partie de sa vigueur ordinaire.

— Alain, mon pauvre Alain, laisse-moi, je t'écrase, disait Ermel.

Le serviteur, haletant, ne répondait pas et s'opiniâtrait à conserver son fardeau. Il s'enfonça dans les taillis, recherchant surtout les passages encaissés, ne sachant guère où il allait, mais tâchant d'éviter la rencontre des grenadiers français. Ermel le suppliait encore de l'abandonner.

— Silence! dit Alain, les voici!.... mon Dieu, ayez pitié de lui !

— Quoi ? de qui parles-tu ?

— Un bataillon de grenadiers, répondit Alain. Ah ! mon mon Dieu ; les forces me manquent! Pardon, monsieur le chevalier; pardon !

Le malheureux Alain n'eut que le temps de poser Ermel dans un épais fourré; puis, accablé de fatigue, il tomba lui-même.

— Malheur sur moi ! dit-il en breton.

Il essaya de se relever, il voulut reprendre Ermel sur ses épaules, il n'y put parvenir.

— Ah! monsieur le chevalier, murmura le fidèle serviteur, je suis maudit. Mon vieux père, pardonnez-moi! Il m'avait commandé....

Ermel essayait d'apaiser la douleur d'Alain.

— Tu n'en as fait que trop, mon pauvre ami, disait-il. C'est par ma faute que tu es dans un pareil état.

Le serviteur voulant faire un dernier effort retomba privé de connaissance.

Les pas des grenadiers résonnaient en cadence sur la lisière du bois. Ermel leva la tête, vit leurs panaches rouges à travers les branches dégarnies; et jugea qu'après avoir pris leur position en tête du bois, ils ne manqueraient pas d'y faire une battue.

— Nous sommes perdus! pensa-t-il; mais un voltigeur d'Amblemont, un gentilhomme français ne se rend pas!

Il ramassa la carabine, en visita l'amorce et attendit, se promettant de vendre chèrement sa vie.

XII.

GÉRANIUM ET L'ENFLAMMÉ.

La colonne d'infanterie, dirigée sur la lisière du petit bois-taillis, fit halte au moment où Ermel de La Faugerais se disposait à la plus énergique défense.

Tout à coup une pensée inspirée par le Ciel traverse l'esprit du jeune gentilhomme ; il a remarqué que le sol est couvert d'une épaisse couche de feuilles mortes ; il roule Alain toujours évanoui sous quelques arbres serrés, contre lesquels le vent a amoncelé les dépouilles de la forêt. Il le cache entièrement sous un monceau de feuillage, et, sentant bien qu'une lutte désespérée est folie dès qu'on peut l'éviter, il se blottit lui-même dans une sorte de terrier improvisé. Son fusil d'une main, l'autre appuyée sur le sol, il reste attentif au moindre bruit.

Le canon résonnait encore dans le lointain ; les grenadiers, ainsi qu'Ermel l'avait prévu, entrèrent dans le bois et le parcoururent en tous sens.

Puis, l'action se passant à grande distance, les officiers désignèrent les gens de piquet ; le commandant dit à ses hommes d'être prêts à reprendre leurs rangs au premier coup de baguette, et fit former les faisceaux.

Les grenadiers s'éparpillèrent dans le bois; chacun cherchant un coin où se reposer. Quelques vieux soldats vinrent s'asseoir précisément contre les gros arbres qui servaient d'abri à Ermel.

— Ça va! ça va! L'Enflammé, dit l'un d'eux ; je croyais que ces diables de Prussiens brosseraient encore le tas de conscrits de malheur qu'on nous envoie ici comme un troupeau de moutons à la boucherie.

— Géranium, mon ancien, te voilà encore qui dégoises à ta coutume contre les recrues de la nation, tu parles comme un émigré.

— Je parle comme un vieux soldat ! Ces volontaires de boutique sont toujours prêts à crier : Sauve qui peut !

— Ce matin pourtant, dit Joli-Cœur troisième grenadier.

— Oui! oui! parlons-en de ce matin. Il ne s'en est pas fallu de deux liards que nous ne fussions trempés, pire qu'à Grand-Pré. Dis que non ?

— Mais, l'ancien, ils ont tenu à la fin des fins, et voilà.

— Une fois n'est pas coutume!

— Si tu jases comme ça, la *Nation* te fera ton procès, elle ne plaisante pas, la *Nation*.

— Dis donc! si nous fumions une pipe?

— Ça s'est vu, reprit le premier grenadier en battant son briquet.

Et les vieux soldats ayant allumé leurs brûle-gueule, continuèrent la conversation. Ermel n'en perdait pas une syllabe.

— Pour deux sous je me roulerais sur ces feuilles, et j'y taperais de l'œil; mais je serais capable, après, de ne plus entendre tambour ni trompette, je me connais. En campagne, je dormirais sur un affût, sans me réveiller, quand même le canon éclaterait.

— Ah çà! Géranium, qu'est-ce que tu as là? tu saignes, demanda Rémond quatrième grenadier.

— Une misère; c'est quand cet émigré a paré ma baïonnette, il m'a un peu touché au gras du bras.

— Sais-tu qu'ils se battaient comme des enragés?

— Pardienne! tous des braves! des malins! quoi!

— Géranium, tu te fais du tort, reprit prudemment l'Enflammé.

— Veux-tu donc que je dise qu'ils sont tous des capons! des hommes qui ont été officiers pour la plupart, des vieux sans peur, des jeunes, qui étaient lardés, et qui riaient encore en criant : *Vive le Roi!* Va t'en voir si les autres de Paris tiennent de même avec leur *Nation!*

— On te prendrait pour un aristocrate, Géranium.

— Oui, le fils d'un tambour! fameux! dit Rémond.

— C'est vrai, ton père a fait du bruit dans le monde, c'est pourquoi tu es fier.

— Un vrai *ci-devant*, ce Géranium!

— Ça n'empêche pas que j'ai reconnu dans le nombre notre ancien capitaine d'Artois, tu sais, le père d'Amblemont! Et dire que je me battais contre! ça me faisait mal au cœur.

— Je l'ai bien vu, moi aussi! répliqua le prudent l'Enflammé, ce vieux tout gris, n'est-ce pas?

— Justement!

— Eh bien?

— Attention! numérotons-nous, reprit l'Enflammé. *Un!*

— *Deux!* fit Rémond.

— *Trois!* fit Joli-Cœur.

— *Quatre!* dit à son tour Géranium.

— *Cinq!* s'écria Bec-de-Perdrix, le dernier de la bande, et qui n'avait pas encore ouvert la bouche.

— Nous sommes tous des solides! des anciens! des Français! dit encore l'Enflammé.

— Et puis quoi?

— Regarde si personne n'écoute!

Les grenadiers se levèrent, firent le tour des arbres les plus proches; l'un d'eux marcha même sur les feuilles qui couvraient Ermel; Ermel ne bougea point.

Quand chacun se fut rassis, l'Enflammé prit gravement la parole.

— Nous nous sommes numérotés, dit-il. Je ne vois ici que des braves, pas de traîtres ni de faux patriotes. *Ergo* donc, sans me compromettre... — L'Enflammé baissa singulièrement la voix en ce moment; je dis que Géranium a raison.

Les quatre autres soldats partirent d'un superbe éclat de rire.

— Riez! Riez tant qu'il vous plaira, mais avec des espions tout autour de soi il faut veiller, prendre garde; c'est ma manière de voir. Demande-moi à la chambrée ce que je pense des émigrés, je répondrai roide : *un tas de capons e de sans-cœur*; demande-moi pour lors mon sentiment sur les volontaires de la nation, — je te dirai qu'ils rendraient quatre points et l'as à feu Bayard. Ni vu, ni connu, je m'appelle l'Enflammé, je ne veux pas qu'on m'éteigne.

— Quand le camarade en dit tant que ça, on a le droit de bavarder, pas vrai? demanda Bec-de-Perdrix.

— Pour lors, moi, reprit Géranium, je répète que j'ai vu notre ancien capitaine d'Artois : il se battait pire qu'un jeune; une fois je l'ai trouvé au bout de mon fusil. Il a levé l'œil sur moi; j'ai vu qu'il me reconnaissait; le cœur m'a manqué! Ah! si j'avais eu un Prussien en face de moi!

— J'entends quelque chose, interrompit l'Enflammé, comme un bruit dans les feuilles!

Un frisson parcourut les membres d'Ermel; les grenadiers se mirent à rire.

— Si on ne te savait pas si brave, on te prendrait pour un...

— C'est vrai; il a peur de son ombre!

— J'aimerais mieux être en face de cinquante mille batteries de canon que *suspect* seulement pour l'épaisseur d'un cheveu.

— Et voilà ce qu'ils appellent la *liberté*, l'*égalité* et le *tremblement!* dit Géranium. Du temps du Roi, on disait ce qu'on voulait; et pourvu qu'on eût la queue bien faite, l'habit bien propre, hors de son service, on n'avait rien à craindre.

— Moi, depuis le 10 août, dit l'Enflammé, au seul mot de *Nation*, j'ai froid dans le dos.

— Tu étais au 10 août, l'Enflammé?

— En personne, et du côté du Roi encore!

— Peste! s'écria Géranium.

— Conte-nous ça? demanda Joli-Cœur.

— Pardon, excuse! c'est compromettant! Mettons que je n'ai rien dit!

L'Enflammé, en finissant sa phrase, devint pâle comme un linceul :

— Un espion! murmura-t-il; je suis un homme flambé!

— Du doigt, il montrait les feuilles sèches qui remuaient.

— Quelque mulot! dit Joli-Cœur en secouant la cendre de sa pipe.

Mais une main d'homme, qui sortit du tas en ce moment, mit tous les grenadiers en émoi, ils dégaînèrent leurs sabres et s'élancèrent sur Alain qui revenait de son évanouissement et s'étirait sans savoir ce qu'il faisait.

Cinq pointes de sabre posaient sur la poitrine du malheureux Bas-Breton.

— Un émigré! fit Rémond.

— Un émigré! répétèrent ses camarades.

— J'aime mieux ça! murmura l'Enflammé en reprenant ses couleurs.

Le bruit d'un fusil que l'on arme et d'un tas de feuilles qui roulent se fit entendre à un pas de là.

— Géranium! sauve-le! s'écria Ermel qui, le genou à terre et la carabine en joue, se montra tout entier à découvert.

— Rendez-vous, mon lieutenant, dit le grenadier après une grosse exclamation qui marque l'étonnement en style de corps de garde, vous et Gavésio, on ne vous fera pas de mal.

Alain ne comprenait guère la situation ; mais au nom de Géranium, nom bien connu dans l'ancienne compagnie des voltigeurs d'Artois, il retrouva la parole :

— C'est notre ancien lieutenant; tuez-moi, mais délivrez-le, dit-il.

Les cinq grenadiers s'entre-regardèrent.

— Mes amis, dit Ermel en redressant son arme, vous savez bien qu'il n'y a pas de quartier pour nous! Ainsi, écoutez : donnez un de vos habits à ce brave garçon, gardez-le avec vous, et moi, achevez-moi ici, car..... je ne résisterai pas contre vous !

— Nous ne sommes pas des bourreaux, cinq cents noms d'un nom ! interrompit Géranium pendant qu'Alain, malgré les autres grenadiers, se dressait et tirait aussi son sabre...

— Couché donc ! couché ! s'écria Géranium ; voulez-vous donc être vus par tout le bataillon ! l'Enflammé, ôte ton habit !

L'Enflammé se débarrassa de son sac et ôta son frac, sans se rendre bien compte de ce qu'exigeait son camarade de lit. Géranium, en même temps, avait retiré le sien. Rémond, Joli-Cœur et Bec-de-Perdrix ne savaient pas où leur ancien voulait en venir ; l'ex-voltigeur d'Artois prit alors les deux casaques et les présenta aux émigrés.

— Mettez-vous ça sur le dos, bas les plumets et les cocardes ; ramassez-vous dans vos feuilles comme tout à l'heure.

— Et nous donc ! interrompit l'Enflammé.

— Attends, poltron ! tu vas voir. Je disais donc, mon lieutenant, mettez-vous de même, et quand vous nous entendrez filer par la droite, vous filerez par la gauche. On vous prendra de loin pour des soldats de la *nation* en déroute, pour des volontaires Parisiens. Pardon ! mon lieutenant. Et si jamais Géranium ou l'Enflammé vous tombent sous la coupe, je nous recommande à vous.

Alain et Ermel voulaient remercier le grenadier, mais il s'éloigna entraînant avec lui l'Enflammé, qui tremblait de tous ses membres. Rémond, Joli-Cœur et Bec-de-Perdrix, conformément aux intentions de leur camarade, recouvrirent de feuillage les deux émigrés et s'assirent sur le tas qui les cachait.

— L'Enflammé doit avoir une fameuse venette, fit judicieusement remarquer l'un des grenadiers.

— Il y a de quoi aussi, dit Rémond. Si le commandant La Patrie sait le beau coup que Géranium vient de nous faire faire, nous serons tous cinq fusillés comme des chiens derrière la colonne.

— Ah ! bah ! tant pis ! fit Joli-Cœur

— Ma fine ! ce n'est pas gai, ajouta Bec-de-Perdrix.
Ermel leva la tête et dit :

— Non ! non ! ne vous exposez pas ainsi, livrez-moi ! mais sauvez Gavésio en le prenant dans vos rangs !

Alain remua, Bec-de-Perdrix s'assit sur lui.

Rémond qui était le plus près d'Ermel, posa brusquement la main sur sa tête, qu'il replaça de force sur les feuilles.

— Laissez-nous jaser, dit-il, et ne faites pas attention.

— Que diable ! dit Joli-Cœur, ce qui est fait est fait. Et d'abord Géranium vous a promis de vous sauver ; on blague la nation, c'est histoire de rire.

— Comme si on ne pouvait pas causer tranquillement ! disait en même temps Bec-de-Perdrix qui jetait des feuilles par poignées sur l'ancien lieutenant d'Artois.

— Crédienne, fit Joli-Cœur, voilà qui est cocasse tout de même.

— Fameuse histoire pour la chambrée quand le bon temps sera revenu.

— Cric-crac, sabot, cuiller à pot ! qu'on se dira. C'était une fois cinq grenadiers du détachement du commandant La Patrie, qui....

— Oui ! oui ! reprit Rémond, ce sera drôle, quand on pourra jaser à la caserne après le roulement des chandelles, sans risquer de se faire fusiller ou guillotiner, et quelque farceur mettra la chose en chanson sur l'air :

> Et l'on redira les hauts *féts*.
> D'une charmante hospitalière
> Sauvée par un *calonnier francé*.

Ermel, entendant ces propos, rendit grâces à Dieu, et s'abandonna sans réserve à la généreuse protection des grenadiers. Cependant Géranium avait entraîné l'Enflammé, son camarade de lit, au lieu même où étaient tombés Montreuil, d'Amblemont, Antonio et une foule de braves soldats français de l'un et de l'autre parti.

— Allons, voici la friperie, l'Enflammé! choisis-moi ça à ta taille, dit-il alors.

Déjà une bande de maraudeurs s'était ruée sur les cadavres : — hommes et chevaux morts étaient dépouillés sans merci ; défroques d'amis ou d'ennemis disparaissaient également.

Ce n'est pas seulement par amour de l'art et pour avoir l'occasion de faire quelques larges études de nu, que les peintres de batailles jettent aux premiers plans de leurs tableaux des académies sanglantes. Hélas! ils sont dans le vrai. A peine le combat est-il achevé que des nuées de pillards s'arrachent les vêtements des victimes; la première troupe qui passe fait main-basse sur ce que les morts portaient de meilleur. Les maraudeurs récoltent ensuite, et les pauvres glanent après eux.

Géranium s'empara sans scrupule d'un habit qui le matin avait été endossé par un camarade; l'Enflammé en fit autant.

Bon nombre de volontaires étaient là aussi, vidant les sacs, déroulant les porte-manteaux, et se chaussant aux dépens des morts.

Les gens du pays, hommes, femmes et enfants, ne mettaient pas moins d'ardeur à se charger de tout ce qui était à leur convenance. Les oiseaux de proie ne sont pas plus rapaces.

Dix minutes après, les deux grenadiers rejoignaient leurs trois camarades.

L'Enflammé se taisait maintenant; il avait fait ce que voulait son ancien, mais cent funèbres histoires lui revenaient en mémoire et le terrifiaient.

— Si le commandant La Patrie savait çà, pensait-il, nous serions dans de vilains draps.

— L'Enflammé, mon vieux, console-toi, nous n'allons pas tarder à revoir le feu, disait Géranium. Et puis, une bonne action a tôt ou tard sa récompense; c'est écrit dans La Vie de Turenne.

L'autre vétéran, qui avait vu massacrer les Suisses, n'était pas tout à fait de cet avis.

Ermel et Alain, toujours cachés, se résignaient à se taire, faute de pouvoir intervenir d'une manière efficace; le jeune gentilhomme surtout était sur les épines.

Tout à coup le commandant La Patrie cria : — *A vos rangs, grenadiers !* — Les tambours du piquet firent un long roulement; tous les soldats couchés dans le bois coururent aux faisceaux, l'Enflammé le premier, comme s'il avait eu le feu aux talons ; Géranium resta un peu en arrière, et prit le temps de dire à Ermel :

— Bonne chance, mon lieutenant, ne bougez pas encore; mais tout à l'heure, en route, et détalons *raidement*.

— A ton poste, mon brave! merci!.... Plaise à Dieu qu'un jour.....

Alain mêlait ses bénédictions et ses remercîments à ceux d'Ermel ; Géranium avait déjà pris le pas de course ; et quand le commandant La Patrie commanda : *A droite, alignement!* le grenadier sentit à gauche le coude du timide l'Enflammé.

Il était quatre heures, Brunswick essayait de reprendre l'offensive, et précisément une forte colonne marchait à l'encontre du bataillon de grenadiers que Kellermann envoya soutenir par un solide renfort d'infanterie et de cavalerie.

Ermel, vêtu en grenadier français, ne craignit point de

lever la tête, il vit que les troupes de Kellermann poussaient en avant avec ardeur.

— Alain, dit-il, tâchons de gagner le large.
— Et votre jambe, Monsieur ?
— Je me traînerai, tu me soutiendras ! Allons !

Faisant alors un effort suprême, le jeune gentilhomme, appuyé sur Alain, et se servant de la carabine qui lui restait comme d'un bâton de voyage, s'éloigna lentement à travers les arbres du petit bois.

XIII

RENCONTRE.

Le 20 Septembre 1792, le jour même de la canonnade de Valmy, la Convention-Nationale tint sa première séance. Sur la proposition des représentants Collot-d'Herbois, Manuel et Grégoire, la royauté fut abolie à l'unanimité. Et cependant la coalition qui s'était formée pour défendre la monarchie française et pour arracher la personne de Louis XVI à d'impitoyables ennemis, se dissolvait en quelque sorte d'elle-même.

Brunswick déconcerté rentrait dans ses lignes et abandonnait l'offensive; Dumouriez entretenait des rapports avec le roi de Prusse, auquel il adressait des mémoires ; enfin, peu de jours après, toutes les négociations étant brusquement rompues, les Prussiens commencèrent leur marche rétrograde.

Ermel de La Faugerais et Alain Gavésio étaient alors à l'ambulance avec les blessés et les nombreux malades de l'armée coalisée.

Grâce à leur déguisement, après bien des périls, et des fatigues inouïes, ils étaient parvenus aux avant-postes, où on les prit pour des transfuges; ils eurent à peine le temps de se faire reconnaître avant de tomber harassés par une marche affreuse à travers des marais et des bois fangueux. Blessés comme ils l'étaient, ce fut presque par un miracle qu'ils atteignirent le but de leurs efforts. On les recueillit, on les transporta à l'infirmerie du camp; plus tard ils furent dirigés au delà de la frontière; encore une fois ils s'arrêtèrent à Bichoven.

Personne n'avait revu Montreuil depuis le combat soutenu par la compagnie d'Amblemont contre la colonne du commandant La Patrie et la cavalerie qui enfonça les rangs des émigrés.

Quant au capitaine et au fidèle Basque qui l'avait si valeureusement défendu, si énergiquement vengé, leur mort était un fait avéré que nul ne mettait en doute.

La compagnie, du reste, n'existait plus.

Enfin, à peu de temps de là, le corps entier des émigrés français fut licencié; ceux qui avaient fait partie de cette brillante milice se réunirent à l'armée de Condé, passèrent à la solde étrangère ou se dispersèrent à l'aventure.

A Bischoven, Ermel et Alain demandèrent de ne pas continuer leur route; ils allèrent frapper à la porte hospitalière de la mère Winterhalfen, qui les accueillit à bras ouverts.

— Encore blessés! dit-elle.

— C'est peu de chose, répondit Ermel; cette fois nous sommes solides, et si je ne boitais pas je pourrais me hasarder à inviter Marien ou une de ses sœurs pour la prochaine danse!

— Ah! monsieur le chevalier, dit la bonne hôtesse, il s'agit bien de danse à cette heure. On prétend que les Français vont entrer chez nous! Je ne sais que faire : mes filles et mon mari sont dans une inquiétude... et mes garçons parlent de s'enrôler.

On se trouvait dans la salle commune ; les jeunes filles ne cachaient pas le plaisir qu'elles avaient à revoir les deux blessés qu'un mois auparavant elles entouraient des soins les plus délicats.

Ermel se mit à raconter les principaux événements de la campagne, pendant que la bourgeoise apprêtait le souper ; chaque fois qu'il nommait un camarade, on s'en enquérait avec bienveillance.

— Votre capitaine, M. d'Amblemont, demanda la mère Winterhalfen.

— Mort, répondit Ermel avec douleur.

— Ah ! mon Dieu ! et son domestique, qui était si vif Antonio ?

— Il s'est fait tuer à côté de lui.

— Et M. de Wailly ?

— Mort !

— Et M. du Parc ?

— Mort !

— Et votre ami M. de Montreuil, qui jouait du cor, le hardi jeune homme ?

— Je ne l'ai pas revu depuis le moment où il est tombé à mes côtés ; j'ai cherché son corps après le combat, et n'ai pu le retrouver !

— Voilà donc tout ce qui reste de cette vaillante compagnie de gentilshommes si gais, si bons enfants, si polis!... répétait la famille consternée.

Les honnêtes Allemands sympathisaient avec Ermel, qu'affectaient profondément tant de douloureux souvenirs. Il fallut un certain temps pour que la conversation prît un tour moins funèbre; pourtant, lorsqu'on fut à table, et qu'en l'honneur de ses hôtes le père Winterhalfen fit circuler une vieille bouteille de vin du Rhin, les fronts se déridèrent; de joyeux propos firent diversion aux soucis de l'avenir et aux tristes récits du passé.

On devisait gaîment, et Ermel ayant raconté le trait de générosité des cinq grenadiers français :

— Ah! grâce à Dieu! cria la mère Winterhalfen, ils ne sont donc pas tous des brigands et des renégats.

Alain garda son sérieux ; Ermel n'en fit pas autant, et ne tarda point à dire :

— Ne passons pas si vite d'un extrême à l'autre, ma chère dame; parmi les soldats de Dumouriez et de Kellermann, il y a certainement une grande majorité d'honnêtes serviteurs et même de gens très-doux et très-paisibles quand ils sont chez eux; d'ailleurs, les plus détestables de mes compatriotes ne sont pas aux armées ; ils vivent d'émeutes dans les grandes villes, de pillage dans les campagnes. Plaise à Dieu qu'à Rosven!...

La mère Winterhalfen, maîtresse femme, ne laissa pas dévier le sujet de la conversation.

— Ainsi donc, vous avez des amis parmi les républicains! dit-elle.

— Amis jusqu'à un certain point.

— Vous me laisserez une lettre pour M. Géranium.

— Si cela vous est agréable, je le veux bien, mais il n'est guère probable qu'elle vous serve à grand'chose.

— C'est égal, il faut se ménager des protecteurs partout.

— J'écrirai même à quelques autres personnes de l'armée française, si vous y tenez, dit Ermel.

— J'y tiens beaucoup, reprit l'hôtesse.

— Je reconnais bien là ma femme, dit le père Winterhalfen en allumant sa pipe, car le souper était fini.

Rauschen, Marien et la belle Grétha avaient pris leur ouvrage; Gustaf et ses frères formaient le troisième plan autour d'un petit poêle en fonte admirablement propre, comme tour ce qui meublait la petite maison de maître Winterhalfen, l'un des notables de Bischoven, marguillier de la paroisse et président du tir à la cible.

Ermel confessait qu'il était fort inquiet de lui-même et de son serviteur; les bonnes gens lui donnaient mieux que des conseils pour le tirer d'embarras.

— Nous avons pour parent un patron de barque qui voyage sur le Rhin, disait le père Winterhalfen, nous vous recommanderons à lui, il ne manquera pas de vous recommander à d'autres mariniers, et vous arriverez ainsi jusqu'à la mer. Le bon Dieu, qui vous a tiré de tant de périls jusqu'ici, vous conduira certainement à bon port dans votre pays, puisque c'est là que vous voudriez aller maintenant.

— D'Amblemont me l'a conseillé, je lui obéirai après sa mort comme je faisais durant sa vie.

— Et quand vous reverrez cette belle demoiselle dont nous avons porté la santé l'autre soir, dit Grétha, vous lui direz qu'elle a trois amies à Bischoven.

Ermel était toujours embarrassé dès qu'on abordait ce sujet, et les jeunes filles se faisaient un malin plaisir de le provoquer avec coquetterie peut-être, mais la dose en était trop faible pour mériter le plus petit reproche. Et Grétha, qui se savait jolie, affectait de tracer un portrait imaginaire de la noble inconnue dont on n'osait pas demander le nom au serviteur, puisque le maître jugeait à propos de le taire. Rauschen et Marien renchérissaient; parfois elles jetaient aussi une pierre dans le jardin du Bas-Breton, en parlant de Jeanne du Gavre, la belle brune dont il avait fait l'éloge autrefois avec une rare complaisance.

Au milieu de tout cela, l'on conservait une mesure parfaite, et l'on ne confondait pas le jeune gentilhomme avec son modeste compagnon, quoiqu'ils portassent tous deux le même habit militaire. Alain donnait l'exemple; il était le premier à montrer une déférence extrême pour Ermel de La Faugerais, le fils des sires de Rosven, ce qui n'empêchait pas les trois roses et blondes villageoises de harceler par d'innocentes plaisanteries le galant chevalier de Francésa de Kerfuntun.

— Moi, je gage qu'elle a de grands yeux bleus, doux et tendres, où brillent, comme des perles fines, des gouttes de rosée limpide, chaque fois qu'elle pense à vous, dit étourdiment Marien.

— Ma sœur, interrompit Grétha, le chevalier est absent, c'est toujours, toujours, que ses beaux yeux sont humides.

— Mais, s'écria Rauschen, vous soupirez, monsieur Ermel; et nous ne savons pas encore si ces grands yeux sont bleus ou noirs!

— Ce que je sais bien, dit Grétha, c'est que chaque jour dans ses prières, elle demande à la sainte Vierge de lui garder son fidèle chevalier.

— Grétha, mon enfant, voilà ce que tu as dit de mieux ce soir, ajouta sous forme de commentaire la digne maîtresse de la maison.

On en était là, et chacun mettait son épingle au jeu, sans excepter les grands garçons du logis, quand des voix confuses se firent entendre dehors; après quoi deux coups de marteau retentirent.

— N'avez-vous pas chez vous un émigré nommé le chevalier de La Faugerais? demanda un voisin.

— Sans doute! répondit la bourgeoise.

— Ah! Dieu soit béni! enfin, je le trouve! dit en français un étranger que l'on introduisit aussitôt dans la salle.

Ermel poussa un cri de surprise et se jeta dans ses bras; Alain, stupéfait, se leva respectueusement et porta la main droite à la hauteur de son œil.

— Quoi! vous ici! monsieur de Kerfuntun; comment, par quel hasard! mais d'abord quelles nouvelles de Rosven? Depuis près de deux ans j'ignore ce qui s'y passe. En venez-vous?

Ermel s'interrompit lui-même, suffoqué par son émotion de plaisir et de crainte.

En deux ans, à pareille époque, combien de douloureux événements pouvaient s'être succédés au manoir! Et il y avait près de deux ans qu'Ermel était parti de Rosven.

C'était en décembre 1790 qu'il avait reçu la dernière bénédiction de son bisaïeul; le mois suivant, il émigrait. Retenu d'abord dans les Pyrénées, et puis à l'île de Wight, jusqu'au printemps suivant, il n'était arrivé à Coblentz que vers le milieu de 91, la compagnie d'Amblemont ne fut levée que plusieurs mois après. Enfin, depuis une année, il était soit en cantonnement, soit en campagne.

Alain expliqua aux Winterhalfen que le nouveau venu était le beau-père du frère aîné d'Ermel, l'ami de toute la famille et l'un des plus honorables gentilshommes du pays breton.

Avant de répondre aux questions d'Ermel, M. de Kerfuntun jugea nécessaire de saluer les maîtres du logis:

— Vous me pardonnerez, dit-il, d'être venu à pareille heure troubler le calme de votre intérieur; mais je le cherche depuis un mois; deux fois j'ai perdu sa trace, enfin je le retrouve, je n'ai pu me retenir!

— Vous avez bien fait d'entrer, monsieur; pour lui, pour

vous, pour nous tous! dit le maître, et j'espère bien que vous allez faire porter vos effets ici...

— J'étais à l'auberge, pardon, je ne voudrais vous causer aucun dérangement.

— Grétha ! allez faire dresser un lit pour monsieur, dans la grande chambre rouge, à côté de M. Ermel ! disait impérativement la mère Winterhalfen. Gustaf! cours à l'auberge et reviens avec sa malle! Ah! un parent de M. le chevalier, vite ! et vite !

Force fut au nouvel arrivant d'accepter l'hospitalité si généreusement offerte. Ensuite avec une nouvelle effusion, il pressa encore Ermel contre son cœur, adressa quelques paroles familières à Alain Gavésio, et s'assit au foyer de la famille allemande. Alors il expliqua sa présence à Bischoven, par un long récit qui satisfaisait pleinement à toutes les questions d'Ermel de La Faugerais.

Les membres de la famille Winterhalfen entendaient tant bien que mal le français; par discrétion ils s'éloignèrent. M. de Kerfuntun, ayant déclaré que ses communications n'avaient rien de mystérieux, les supplia de reprendre leurs places.

Les jeunes filles, qui avaient déjà reconnu plusieurs noms de femme, et entr'autres celui de Francésa, dans le peu de mots qu'Ermel et Kerfuntun avaient échangés d'abord, n'en furent que plus curieuses d'écouter le voyageur. Le père Winterhalfen ralluma pour la quatrième fois sa grosse pipe de porcelaine; sa femme raviva le feu du poêle, et Rauschen versa de l'huile dans la lampe. Alain attendait avec anxiété, se proposant bien d'adresser aussi quelques questions à l'ami de ses maîtres, dès qu'il aurait tout dit sur le compte du manoir.

Que s'était-il passé à la métairie? Jeanne du Gavre l'attendait-elle toujours? Et le bon curé de Saint-Ermel était-il rentré dans son presbytère ? Enfin qu'y avait-il de nouveau à Rosven et aux environs?

Voilà ce qu'Alain voulait apprendre ; mais avant tout il tenait à savoir des nouvelles du bonhomme, de la bonne femme, de M. Armand et de M. Hilaire, de tous enfin, grands et petits.

En conséquence il se rapprocha autant qu'il put pour ne pas perdre un mot de ce qu'allait dire M. de Kerfuntun.

XIV

NOUVELLES DU PAYS.

Le marquis de la Rouarie, chef de La vaste conspiration organisée sous le nom d'*Association Bretonne*, n'avait pas été compris à Coblentz; il tâcha de l'être en Bretagne.

Il s'efforça d'unir par des liens indissolubles tous les gentilshommes qu'il avait fait entrer dans ses vues; et alors, le succès ayant répondu à ses espérances, il retourna dans l'électorat de Trèves où enfin on l'écouta. Il fut approuvé. Le 5 décembre 1791, les frères du roi revêtirent de leurs signatures le plan de soulèvement conçu par le persévérant conspirateur.

Le rôle de chef échut naturellement et justement en partage à La Rouarie, qui devint l'espoir des royalistes; il put agir avec moins de ménagements; il avait fait un pas immense; les amours-propres de localité se soumirent au délégué des princes et consentirent à se laisser guider par lui.

Il plaça près du comte d'Artois son ami Fontevieux, qui avait fait sous ses ordres la guerre d'Amérique. Jersey fut désigné comme le lieu propre à former des dépôts d'armes et de munitions nécessaires à l'association. Les émigrés bretons qui se trouvaient à l'armée d'Outre-Rhin, sous la conduite du comte de Botherel, ancien procureur-syndic des Etats de Bretagne, furent appelés à prendre part au soulèvement. Ermel, sans aucun doute, aurait été enrôlé dès lors, si, mobilisé avec la compagnie d'Amblemont, il n'avait pas été aux avant-postes en ce moment ; personne ne l'instruisit de ce qui passait; Fontevieux ne le connaissait pas; il fut oublié.

A peine de retour en Bretagne, La Rouarie forma des comités royalistes dans les villes où, seul et sans aucune mission reconnue, il avait déjà su se créer un très-grand nombre de partisans. Bientôt Saint-Malo, Dol, Rennes, Fougères, ont leurs clubs insurrectionnels. Vannes, Auray, Redon, Laval, Pont-Château et plusieurs points intermédiaires reçoivent une organisation qui s'étend dans les campagnes. Tous les hommes monarchiques sont mis en rapport les uns avec les autres. La Rouarie leur enseigne ce qu'ils sont, leur fait voir ce qu'ils peuvent, et se voue tout entier aux progrès de son œuvre.

Jamais conspiration plus vaste ne fut aussi habilement conduite : elle embrassait toute la Bretagne et une partie des provinces limitrophes; elle touchait à l'Angleterre par Jersey; elle était en communication constante avec les chefs de l'émigration française.

M. de Calonne, dans le conseil des princes, est le rapporteur de toutes les affaires de l'Association Bretonne. Les règlements civils et militaires qui émanent de La Rouarie et de ses confédérés sont approuvés, sur la présentation de l'ancien ministre, par le comte de Provence, proclamé régent du royaume depuis que le Roi est prisonnier au Temple.

Thérèse Le Moëlien, parente de La Rouarie, consacre sa jeunesse et sa beauté à la cause dont il est le représentant;

elle le seconde avec une adresse merveilleuse et un dévouement qui ne se démenti jamais. Le marquis a pour confident et secrétaire intime Loisel, contrôleur des actes à Plancoët et à Saint-Malo, homme précieux, d'une activité, d'une intelligence, d'une fidélité à toute épreuve.

Desilles, père du jeune héros de Nancy, est caissier de l'association, dont les fonds sont déposés à son château de la Fosse-Ingant, près Saint-Malo. Avec lui Picot de Limoëlan, son beau-frère; Grout de la Mothe, capitaine de vaisseau; le jeune Aimé Dubois-Guy, neveu de l'illustre Lamotte-Piquet; Loquet de Granville; Delaunay, ancien lieutenant-général de l'amirauté; Lamotte de la Guyomarais; Bertin, Prigent, et foule d'autres servent le complot avec une prudence et un zèle admirables.

La Rouarie a pour aides-de-camp son neveu, connu sous le nom de Tuffin, le jeune Le Moëlan et le fameux chevalier de Tinténiac.

A Paris, au poste le plus dangereux peut-être, se trouve en observation M. de Pontavice, officier du régiment d'Armagnac. Enfin le major américain Chafner, qu'un noble sentiment de reconnaissance envers le roi Louis XVI avait conduit en France, sert d'intermédiaire entre les conspirateurs bretons et ceux des autres provinces.

Le roi Louis XVI avait donné l'indépendance aux Etats-Unis d'Amérique. Le major républicain abandonna sa famille et sa patrie, en apprenant les dangers qui entouraient le trône de Louis XVI. Chafner se lia aisément avec La Fayette, Lameth et les républicains français dont son origine éloignait les soupçons. Il fournissait à La Rouarie les plus utiles documents; de près comme de loin l'officier de Washington veillait sur le marquis et sur sa belle complice Thérèse Le Moëllien.

A l'aide de Chafner, La Rouarie ne prenait jamais que des mesures opportunes.

L'organisation militaire du soulèvement général existait déjà Les commandements étaient répartis entre des hommes qui plus tard s'illustrèrent presque tous dans les guerres de la Vendée ou de la Chouanerie.

C'est, dans la Mayenne, le prince de Talmont, récemment revenu de l'armée des Princes ; le marquis de Saint-Gilles, dans l'Avranchin; La Haie-Saint-Hilaire, entre Dol et Rennes; Dubois-Guy, à Fougères; La Bourdonnaye-Coëtcandec, de Silz, de Lantivy, le Roi de Bignan, de Troussier, dans le Morbihan; vers l'embouchure de la Vilaine, les Dubernard et Caradeuc; Palierne et La Cérillais, dans les environs de Nantes ; Du Bobéril, près de Monfort ; dans les Côtes-du-Nord, Charles de Bois-Hardy, rendu célèbre par ses hauts faits comme chouan ; dans le Finistère, Kerbalanec et le baron d'Amphernet. Sous ces chefs d'arrondissement sont des chefs secondaires en lesquels on peut avoir toute confiance.

Lorsqu'il eut établi ce vaste réseau de comités et de divisions dont il tenait tous les fils, La Rouarie donna des ordres pour que des armes et des munitions fussent distribuées aux gens dont on était sûr. On comptait d'ailleurs, quoique trop légèrement, sur le concours enthousiaste des habitants des campagnes.

Le 2 mars 1792, les princes conférèrent des pouvoirs illimités au chef de lA'ssociation Bretonne, pour entreprendre en faveur de la monarchie tout ce qu'il jugerait utile.

Sur ces entrefaites, Alain Nédélec, cultivateur et juge de paix à Fouësnant, près Quimper, s'étant mis à la tête d'un soulèvement qui fut aussitôt dispersé que formé, et le comte du Saillant, à la tête de 2,000 royalistes, ayant éprouvé le même sort dans l'Ardèche, La Rouarie attribua leurs revers à trop de précipitation, et se promit de ne rien risquer avant d'avoir pris toutes les mesures qu'exigeait la prudence.

Mais à la nouvelle de la terrible journée du 10 août, le conspirateur croit qu'il est temps d'agir ; une proclamation qu'il répand appelle les Bretons aux armes. La descente des émigrés de Jersey devait avoir lieu le 10 octobre.

La mission de M. de Kerfuntun sur la frontière d'Allemagne se rattachait à ces actes. Il était envoyé aux princes émigrés par La Rouarie, et venait de communiquer à Fontevieux ainsi qu'à M. de Calonne la décision prise en Bretagne. Il obtint l'autorisation de diriger sur Jersey tous ceux des émigrés qui, ayant des rapports avec la Bretagne, voudraient s'y rendre pour y combattre la révolution, et se fit naturellement présenter les contrôles de toutes les compagnies. Le nom d'Ermel y figurait.

Aussitôt, sans négliger son mandat, il va aux renseignements ; deux fois on lui dit que La Faugerais a péri, deux fois cette nouvelle est démentie par des témoins oculaires. Enfin, il acquiert la certitude que son jeune ami, blessé à Valmy, a été recueilli à l'infirmerie du camp ; il s'informe de la direction prise par les fourgons de malades. Les uns ont été transportés à Luxembourg, d'autres à Bastogne, d'autres ont été embarqués sur la Moselle et sont descendus à Coblentz. Heureusement, les intérêts de l'Association Bretonne s'accordent avec la nécessité de battre le pays et de visiter les hôpitaux.

A Bastogne, un tambour de la compagnie d'Amblemont affirme qu'Ermel et Alain sont restés le matin même au village de Bischoven, un de leurs anciens cantonnements. Les détails qu'il donne ont un caractère frappant de vérité. Kerfuntun part, arrive à Bischoven, interroge l'aubergiste, les valets de ferme, les servantes. Il apprend qu'en effet, à deux reprises différentes, Ermel et Alain ont passé quelque temps dans le village ; que la seconde fois ils étaient mourants et que la mère Winterhalfen les a recueillis chez elle; mais il y a deux mois, ajoute-t-on, qu'ils sont repartis pour la guerre, et personne ne les a revus depuis. Ce récit, confirmé par un grand nombre de villageois, lui fait craindre que le tambour lui ait donné pour récente une histoire déjà vieille de date.

— Mais c'est aujourd'hui même qu'ils ont dû arriver, s'écrie-t-il; avez-vous vu passer des charrettes de malades?

— Oui!.... non!.... peut-être?.... répond la foule; en tous cas, allons voir chez la mère Winterhalfen.

Ce fut ainsi que M. de Kerfuntun pénétra dans l'hospitalière demeure de la bourgeoise de Bischoven, cinq ou six heures après ceux qu'il cherchait partout, dans les villes, dans les camps et dans les hôpitaux, depuis plus d'un mois.

En présence d'Alain et de la famille Winterhalfen, M. de Kerfuntun ne révéla aucun des secrets de l'Association Bretonne, mais il satisfit à de légitimes inquiétudes, en disant que la mort n'avait frappé aucun des hôtes du manoir, ni des métairies.

Le bonhomme Jean-François avait bien baissé, il fallait e convenir; la bonne femme était maintenant alitée presqu constamment; mais à cela près, rien n'était changé dans le habitudes.

On n'avait cependant pas traversé les deux années pré cédentes sans vicissitudes ni sans douleurs; une visite do miciliaire ayant eu lieu, le district de Vannes avait un jou fait arrêter Armand de La Faugerais pour qu'il eût à dé clarer où se trouvaient son frère, le *ci-devant* vicomte d Kerbozec, et son fils, le *ci-devant* chevalier,

Armand répondit que l'un et l'autre servaient la patrie, le premier sur les vaisseaux de l'Etat, le second dans l'armée de terre. Il dit que depuis décembre 1790 ils n'avaient pas écrit et qu'on n'en savait pas davantage.

Après un long interrogatoire, l'aîné de la famille fut ramené en triomphe au manoir par les Gavésio, témoins de l'audience.

Peu avant le départ de Kerfuntun, une scène de même nature s'était reproduite; mais cette fois, on en voulait surtout à Hilaire, qui était momentanément hors du manoir quand on vint pour l'arrêter sous prétexte qu'il conspirait.

— Et qu'y avait-il de fondé dans ce reproche? demanda Ermel.

— Peu de chose, répondit simplement Kerfuntun, il est mon gendre et je suis *suspect*.

— *Suspect!....* — s'écria La Faugerais; c'est la mort!

— Oui, si l'on me prend; mais pour en revenir à cette seconde visite au manoir, attendu qu'on ne trouvait ni votre frère, ni moi, car on me cherchait aussi, on arrêta mes deux filles...

Ermel devint pâle, tous les Winterhalfen remarquèrent son extrême émotion.

— Tranquillisez-vous, mon ami, Louise et Francésa sont en sûreté ou du moins, lors de mon départ, elles étaient revenues à Rosven. Jean du Gavre, qui s'est ménagé quelques amis parmi les enragés patriotes, s'est porté garant pour votre belle-sœur, et grâce aux Gavésio, qui ont fait un tour de leur façon, Francésa m'a été rendue le même jour.

La figure d'Alain s'épanouit; pour la première fois il se permit de faire une question.

— Quel tour ont-il donc joué? demanda-t-il.

— Ils se sont déguisés en sauniers, et connaissant les

ignobles habitudes d'un certain Famine, membre du district et du tribunal révolutionnaire, le petit proconsul de la commune, ils se sont trouvés sur son chemin un jour de foire, et l'ont invité à venir boire à la santé de la Nation. Ledit Famine s'est laissé griser, en sorte qu'on lui a fait signer bon gré mal gré, un ordre d'élargissement immédiat. Pierre Gavésio s'en est aussitôt saisi, tandis que tes frères, mon brave garçon, continuaient à tenir tête à notre sans-culotte, qu'ils ont laissé ivre-mort. Le gardien de la prison, déjà fort encombrée, a rendu ma fille d'autant plus volontiers que de beaux écus de six livres donnaient à l'ordre signé *Famine* le caractère le plus authentique; chacun des complices, sans en excepter Famine lui-même, avaient intérêt à se taire : on a confondu à dessein Louise et Francésa, comme s'il n'y avait qu'une seule *fille Kerfuntun*, et toutes deux nous ont été rendues. Depuis lors pourtant Francésa est toujours vêtue en paysanne, et quand des gens de mauvaise mine rôdent autour du manoir, elle se tient prête à se cacher dans une des fermes voisines, où elle se rendrait à la dérobée sous l'escorte des domestiques et des frères Gavésio, si l'on venait la chercher de nouveau !

— Mon Dieu! quel temps! s'écria Ermel; mais tout cela est horrible.

— Ce n'est rien auprès de ce qui se passe à Brest, à Rennes et à Nantes.

— A-t-on des nouvelles de mon oncle Kerbozec? demanda vivement Ermel.

— Il est à Jersey, où vous viendrez le rejoindre.

— Pourquoi à Jersey ?

— Vous le saurez; dans huit ou dix jours, mes affaires en ce pays seront terminées, nous partirons.

— Je tiens à rentrer en Bretagne! s'écria Ermel; je veux

aller défendre mes foyers, tous ceux que j'aime! Ah! si j'avais été là ils n'auraient emmené Francésa qu'en me passant sur le corps!

Les blondes filles Winterhalfen s'entre-regardèrent, adressèrent une question à Alain et virent bien qu'elles avaient le mot de l'énigme; mais elles ne pouvaient plus sourire; les récits dramatiques de Kerfuntun les faisaient frémir; à chaque instant le terrible nom de guillotine frappait leurs oreilles.

Les questions d'Ermel devinrent moins pressantes; un signe de son interlocuteur lui avait fait comprendre qu'il existait une corrélation mystérieuse entre la présence du vicomte de Kerbozec à Jersey et la persécution plus spécialement dirigée contre Hilaire et contre lui, Kerfuntun, que contre les autres habitants du manoir.

A quelles causes attribuer le voyage du père de Francésa sur les bords du Rhin? Par quelles raisons avait-il quitté la Bretagne et parlait-il d'y retourner bientôt? — Car il avait répondu que Jersey ne serait qu'un lieu de passage; tout cela ouvrait au chevalier un vaste champ de conjectures. Son frère Hilaire se cachait; Armand de La Faugerais, leur père, se tenait constamment sur le qui-vive et craignait d'être de nouveau appelé à comparaître devant le tribunal. Si l'aîné de la famille restait en évidence, c'était uniquement dans l'espoir d'empêcher que le bonhomme et la bonne femme fussent arrachés à leur retraite, et pourtant des vieillards de leur âge étaient déjà dans les prisons.

La sœur d'Ermel, Mélite, consacrait sa vie à soigner ses grands-parents. Louise accablée d'inquiétudes, était tombée malade après son élargissement, obtenu par Jean du Gavre; elle entrait en convalescence lors du départ de son père pour Jersey et l'armée du Rhin. Francésa, plus vive, supportait mieux les épreuves qui affligeaient la famillle. Enfin, quand on en vint à parler de la ferme, Kerfuntun déclara que les Gavésio n'avaient pas encore été tourmentés. A Saint-Ermel, les esprits des laboureurs fermentaient; cependant il ne s'y était rien passé de grave.

Le curé assermenté ayant été rappelé à Vannes, le presbytère s'était trouvé vacant, et l'ancien curé n'avait pas craint de reprendre ouvertement son poste et ses fonctions.

— C'est incroyable, dit Ermel; après tout ce que vous venez de me dire.

— En Bretagne, répondit Kerfuntun, mais non dans le reste de la France, une sorte de trêve existe sur la question religieuse, car on craint de pousser les paysans à bout par trop de rigueurs envers le clergé.

— Trahison! murmura Ermel.

— Vous l'avez dit. On s'en prend aux gentilshommes à présent; les biens nobles situés auprès des villes sont confisqués et vendus nationalement, plus tard la persécution recommencera.

— Avez-vous été dépouillé?

— Il y a longtemps que mon petit bien a été mis aux enchères, dit Kerfuntun avec une sorte d'insouciance.

Ermel avait l'air de plaindre le père de Louise et de Francésa.

— Qu'importent nos biens, quand nous exposons tous les jours nos têtes!... Ah! mon Dieu! j'oubliais mes enfants, ajouta le conspirateur avec tristesse; après un court instant de silence, il reprit :—On s'en prend à nous, disais-je, mais..

Ici une nouvelle réticence eut lieu ; Kerfuntun, laissant dans le vague un monde d'idées, prit la main d'Ermel :

— Suivez-moi, mon ami.

— Jusqu'au bout du monde! s'écria le jeune émigré en

se levant avec enthousiasme; mais sa blessure était encore douloureuse, il retomba sur son siége en disant : — Si j'en ai la force.

— Nous irons en poste jusqu'au premier port de mer, soyez tranquille.

— Et de l'argent!

— J'en ai.

— C'est fort heureux, dit Alain; car, sans çà, je ne sais pas trop comment nous aurions fait pour vivre.

La mère Winterhalfen reprocha au Bas-Breton cette exclamation naturelle.

— Tant que les Français ne nous auraient pas pillés, dit-elle, vous ne pouviez manquer de rien ici, et je vous aurais gardés chez moi aussi longtemps que vous l'auriez voulu.

La nuit était déjà fort avancée quand chacun se retira dans sa chambre.

Alain savait que Jeanne du Gavre lui était restée fidèle.

— Il paraît que nous allons au pays, pensa le fils de Pierre Gavésio, je n'y serai plus en passant ; qui m'empêchera de me marier?... surtout si M. Ermel m'en donne l'exemple... Attendons encore un peu de temps, et on verra !

Après tant de récits effrayants, voilà sur quelles réflexions s'endormit le voltigeur d'Artois, émigré, déserteur, proscrit, et qui venait de croiser la baïonnette contre les troupes de Kellermann ; Ermel était loin de partager l'inaltérable confiance de son serviteur.

Le logis des Winterhalfen n'étant pas assez grand pour qu'on pût donner trois chambres aux émigrés, on les réunit dans la plus spacieuse. Les deux meilleurs lits furent mis à la disposition de Kerfuntun et d'Ermel, un lit de sangle avait été dressé dans un coin pour Alain Gavésio. Une sorte d'œil-de-bœuf vitré donnait de l'escalier sur l'appartement.

Par un sentiment de curiosité que légitimait un pieux motif, la mère Winterhalfen, après avoir donné le bonsoir à ses hôtes, s'arrêta dans l'obscurité à l'endroit d'où l'on dominait leur chambre. De là elle les vit s'arrêter tous trois en face du crucifix de la cheminée, elle alla chercher ses filles et son mari, et la famille édifiée ne se retira qu'après la fin de la prière des trois compagnons d'infortune.

— Je vous disais bien, moi! que c'étaient de bons et de vrais chrétiens, s'écria la mère Winterhalfen dès qu'elle fut rentrée chez son mari, — et le nouveau est comme les deux autres.

— C'est bien, femme! je suis content, répondit le notable de Bischoven, la présence de pareils hôtes sous notre toit nous portera bonheur.

Les jeunes filles, de leur côté, tenaient à peu près de semblables propos; elles comparaient ces soldats avec d'autres qu'on avait de même observés par l'œil-de-bœuf et qu'on engagea le lendemain à reprendre leur route, à l'exception d'un seul qui fut retenu et fêté au logis sans savoir pourquoi. Mais celui-là était encore un fidèle chrétien, il avait aussi déposé ses affections au pied de la croix. C'était un beau garçon nommé Jérôme Treillard, ancien sergent du régiment d'Artois et présentement enrôlé dans l'armée de Condé. Grétha, en pensant à lui, était souvent préoccupée.

Jérôme Treillard se représenta naturellement à son souvenir, lorsque, appelée par sa mère, elle eut vu Kerfuntun et Alain à genoux, Ermel pieusement incliné, car sa blessure l'empêchait de se prosterner comme les deux autres.

Un quart d'heure après, le Bas-Breton s'était endormi profondément.

— Couchez-vous, mon ami, dit Kerfuntun à Ermel, vous devez avoir besoin de repos, et ménagez-vous pendant la semaine prochaine. Moi, je vais profiter de l'occasion pour vous dire ce qu'il faut que vous sachiez encore.

Le vieux gentilhomme s'assit à côté du lit d'Ermel, et l'initia aux secrets de la conspiration.

— C'était donc là ce qui vous occupait déjà en 1790, lors de mon départ? dit Ermel.

— Précisément!... nous commencions alors... Aujourd'hui, tout est préparé ; — La Rouarie peut-il compter sur vous?

— Ma vie est au service du Roi; sur les bords du Rhin, à Jersey, en Bretagne, partout je suis prêt à mourir pour lui.

— Bien ! Kerbozec et Hilaire sont des nôtres; votre père ne sait que ce qu'il doit savoir, nous n'avons pas voulu le compromettre. A lui la garde des femmes, des enfants, des vieillards! Le jour de la prise d'armes, il sera instruit du reste; nous comptons sur son influence pour soulever Saint-Ermel et les environs. Moi-même, d'ailleurs, je ne sais pas tout, je suis un des instruments du chef, j'obéis aveuglément. A présent je recrute des gentilshommes bretons! Il y a quelque temps, je faisais creuser des conduits souterrains dans les châteaux, où se transporte successivement le conseil supérieur. Auparavant, je sondais les dispositions de quelques hommes qu'il importait de rattacher à la cause monarchique. Voyez-vous, Ermel, j'ai fait le sacrifice de mon repos, de ma fortune, de ma liberté, de ma vie. Nous sommes plus de deux cents ainsi décidés, répartis sur toute la Bretagne.

— Comptez sur un champion de plus.

Tout était dit ; Kerfuntun serra la main de son jeune camarade et prit quelques heures de repos.

Au point du jour, il partait de Bischoven pour sa dernière tournée.

Une semaine après, une chaise de poste s'arrêtait à la porte de l'hospitalière demeure des Winterhalfen ; M. de Kerfuntun en descendit. Il trouva Ermel dans un état de santé parfaite, boitant encore un peu, mais capable de supporter aisément les fatigues du voyage. Ermel avait laissé à ses hôtes plusieurs lettres qui devaient au besoin être remises à des officiers de l'armée républicaine dont les noms lui étaient parvenus et qu'il avait connus en France, soit dans les bas grades, soit portant déjà l'épaulette. Une autre lettre était adressée à Géranium, simple grenadier de la colonne du commandant La Patrie.

Elles recommandaient toutes avec instance la famille Winterhalfen à la bienveillance des Français, afin que quelqu'un prît la défense de ses membres et les protégeât contre l'insulte et le pillage, au cas où le village serait envahi.

M. de Kerfuntun offrit de l'or pour couvrir au moins les dépenses occasionnées par le séjour prolongé d'Ermel et d'Alain dans la famille ; ce fut à grand'peine qu'on parvint à faire accepter une petite somme destinée à Géranium, Rémond, Bec-de-Perdrix, Joli-Cœur et l'Enflammé, si par hasard ils venaient en cantonnement à Bischoven.

Déjà les troupes républicaines avaient passé la frontière dans le Nord. — On pensait que Kellermann pousserait aussi en avant ; l'armée coalisée battait en retraite. Ce fut à ces considérations que la mère Winterhalfen reçut, non comme un don, mais comme un dépôt, la bourse que Kerfuntun lui présentait.

Heureusement, le vieux gentilhomme s'était précautionné de quelques bijoux de peu de valeur, que les jeunes filles ne purent refuser, et qu'Ermel leur offrit avec grâce.

Quand les deux jeunes gens partirent, les beaux yeux de Rauschen et de Marien étaient humides, Grétha même était émue : — peut-être songeait-elle encore aux adieux du brave Jérôme Treillard, le sergent.

Le père et la mère Winterhalfen comblaient de vœux et de bénédictions les trois émigrés, en leur faisant promettre de leur écrire ou de venir les voir quelque jour, quand la paix serait faite et la tranquillité rétablie.

Le soir, Kerfuntun, Ermel et Alain étaient à Trèves ;— le lendemain à Liége. — Huit jours après, ils s'embarquaient pour Jersey, où ils arrivèrent à bon port vers le milieu du mois d'octobre.

XV.

LE VICOMTE DE KERBOZEC.

Vingt-quatre heures après avoir quitté le manoir de Rosven, Michel de La Faugerais, vicomte de Kerbozec, relayait dans la ville de Lorient qu'il faut traverser quand on se rend de Vannes à Brest en voiture publique.

L'auberge de l'Ancre-d'Or où il entra pour prendre son repas était alors infestée de commis-voyageurs en *révolution* qui lui trouvèrent un air d'aristocrate fort peu de leur goût. — On se mit à table. Le capitaine de vaisseau ne prenait aucune part à la conversation, et ne s'en souciait guère ; mais il fut brusquement interpellé par l'un des convives, à propos de la constitution civile du clergé.

Une première fois, le capitaine de vaisseau feignit de ne pas comprendre qu'on s'adressait à lui ; le questionneur revint à la charge :

— Monsieur est officier de marine ?

— Peut-être, monsieur, répondit le vicomte de Kerbozec.

— Ah ! peut-être ! fit le commis-voyageur ; monsieur fait mystère de sa profession !

— Mais encore, Monsieur, s'écria le marin qui commençait à perdre patience, où voulez-vous en venir? Officier de marine ou non, je n'aime pas les interrogatoires. Après?

— Si monsieur ne veut pas permettre qu'on lui adresse la parole!...

— Il s'agissait, monsieur l'officier de marine, s'écria d'un ton assez impertinent un second commis-voyageur, il s'agissait de la constitution civile du clergé; mon honorable ami vous demandait...

— Messieurs, s'écria violemment Kerbozec, suis-je, par hasard, l'objet d'une mystification!... je ne le souffrirais pas, je vous en préviens.

— Façons d'aristocrate, dit un troisième convive.

Cette exclamation fut le signal d'un débordement d'observations non moins désagréables; le marin irrité se leva brusquement, marcha droit au plus criard de la bande et le prenant par le bras :

— Je suis vieux et vous êtes jeune, dit-il; pourtant prenez-y garde! mon petit monsieur, je suis capable de vous faire rentrer dans les bornes de la décence.

Le vicomte de Kerbozec avait cinquante ans bien sonnés, mais il était grand et très-robuste. Sa main qui serrait le bras du coryphée de la bande, le serrait comme un étau.

— Messieurs, je suis dans un lieu public, et je veux dîner en repos; du reste ce ne sera pas long!...

Le regard courroucé du vieux gentilhomme s'arrêtait successivement sur chacun des convives, qui s'étaient levés aussi et semblaient se concerter; il se contenta d'ajouter brusquement :

— Que cet avertissement vous suffise!

A ces mots, appelant la fille d'auberge, il se fit servir dans sa chambre, mais dès qu'il fut sorti pour retourner à la voiture, une troupe de gens du peuple se précipita sur lui; on faillit le lapider.

On voulut le coiffer d'un bonnet rouge, on voulut le contraindre à chanter le *Ça ira!*

— Tuez-moi! tuez-moi! misérables! s'écriait le vieil officier en se débattant, et n'outragez pas plus longtemps un capitaine de vaisseau, chevalier de Saint-Louis, qui a vu la mort d'assez près sur les champs de bataille, pour la mépriser de quelque part qu'elle vienne.

— Crie : Vive la Nation! on te laissera filer.

— Crie : Vive la Nation! A bas les aristocrates! répéta la foule en lui jetant de la boue.

— Vive le Roi! cria le vicomte de Kerbozec.

Le dénouement de cet épisode ne pouvait être que tragique. Au milieu de la populace, on remarquait les commis-voyageurs de l'Ancre-d'Or, et plusieurs membres du Club des Amis de la Constitution.

Le sang aurait probablement coulé si quelques matelots n'avaient passé par là. Ils accourent, demandent ce que c'est.

— Un aristocrate ! un traître qui ne veut pas crier : Vive la Nation! répond-on de toutes parts.

Les matelots du port de Lorient appartiennent en général aux circonscriptions maritimes de Vannes et d'Auray, c'est-à-dire aux *quartiers* de notre littoral où les idées religieuses et monarchiques sont restées les plus vivaces jusqu'à nos jours. Mais les marins de la ville même de Lorient et de Port-Louis se mêlaient ardemment à tous les troubles révolutionnaires et se montraient beaucoup plus cruels que le reste des gens du peuple, surtout quand il s'agissait de quelqu'un de leurs officiers.

— Camarades! à mon secours, s'écrie le vieux gentilhomme en reconnaissant des marins dans la foule qui l'entourait.

Un matelot sauta d'un bond à côté de lui.

— Nous! tes camarades! vas-y voir! cria-t-il en le prenant au collet.

— Je suis capitaine de vaisseau! dit le vicomte de Kerbozec.

— Qu'est-ce que ça me fait à moi? répliqua le marin. Tu es aristocrate!... à la lanterne!... oh! eh! oh! eh! les autres! rallie à moi ! Qui a un bout de corde?...

D'autres marins se jetèrent brutalement à travers la masse populaire; à coups de pieds, à coups de poings, à coups de tête surtout, ils se firent jour; l'instant d'après, Michel de La Faugerais était en leur pouvoir.

Le peuple, accoutumé à céder la place aux marins, laissa faire en continuant de hurler : A bas l'aristocrate !

Le capitaine de vaisseau cessa de résister. Sans faiblir, sans pâlir, il promenait ses regards sur les farouches marins qui le traînaient vers un des piliers de la place.

Le premier matelot, à qui sa force herculéenne avait valu le surnom de Arrache-Tout, le lâcha enfin.

— Tiens-le bien, les autres! dit-il, je vas t'affaler le cartahu.

En même temps, il grimpa sur le pilier du réverbère.

— C'est dommage tout de même que personne de vous autres n'ait un bout de corde!... nous le hisserions après un arbre !

— Arrache-Tout, répondit un des marins, tu as raison,

au bout d'un arbre, ce sera plus beau! Coupe la ficelle et en route!

— A l'arbre! crièrent les marins.

La corde coupée fut artistement attachée à la branche du plus grand des arbres de la place. La foule battait des mains; le vicomte de Kerbozec recommandait son âme à Dieu. Les camarades d'Arrache-Tout l'aidaient avec une effrayante dextérité; la corde et la poulie du réverbère formèrent un appareil maritime.

— Allons! fait tour-mort! hurla le cruel gabier qui avait pris le commandement de l'exécution, et paré à hisser ensemble!... Attention!

La populace échangeait de grossières plaisanteries, qui consistaient surtout à comparer l'arbre avec la potence de la lanterne.

— Es-tu paré? demanda encore Arrache-Tout grimpé sur la branche.

— Ça y est!... Paré!...

— Hisse!

La corde se raidit; la terre manqua sous les pieds du capitaine de vaisseau, qui n'avait plus dit une parole depuis son triste appel aux marins. Mais à peine les matelots avaient-ils commencé à hisser, qu'à l'autre bout de la place un long coup de sifflet se fit entendre, et fut suivi du signal qui signifie en langue maritime : *Tiens bon!* ou en langue vulgaire : *Ne continue pas!* Par un instinct du métier, tous les marins s'arrêtèrent, la corde se détendit, M. de Kerbozec reprit pied, et l'homme au sifflet fendant la foule avec impétuosité se trouva comme par enchantement à côté de lui.

— Tas de caïmans! bandits! forbans! flibustiers! pestes de l'enfer! — s'écria maître Mathieu Piment du *Diadème*.

car tels étaient les titre, nom, prénom et surnom de ce nouveau venu, — que faites-vous là?... En bas! brigand d'Arrache-Tout... Tu es donc devenu des Anglais depuis ce matin, races de renégats et de chiens maudits.

Tout en criant ainsi, l'homme au sifflet coupa la corde, bourra de quelques coups de poing les plus farouches des marins et prit par la cravate Arrrache-Tout, descendu de l'arbre.

Maître Mathieu Piment du *Diadème* était un petit homme assez grêle, très-laid et d'une force inférieure à la moyenne.

— Empêche-moi ces bourgeois de malheur de faire un pas, et attention, tous tant que tu es, ou je vous casse comme verre! poursuivit-il d'un ton menaçant.

Les matelots, sans répliquer, formèrent un cercle autour de l'arbre fatal.

— Pardon! excuse! mon commandant, dit alors maître Piment en se tournant vers le capitaine de vaisseau; je crois, Dieu me pardonne, que ces imbécilles-là vous ont manqué de respect.

— Oui, mon ami, précisément, répondit le vieil officier en souriant du choix de l'expression.

— Je vas leur parler! Vous allez voir! reprit le contre-maître irrité.

La foule, qui comprenait à peine, se rapprocha du cercle des matelots devenus fort nombreux, car plus de cinquante autres marins étaient arrivés au pied de l'arbre avec le petit contre-maître.

XVI.

L'ÉLOQUENCE DE MAITRE PIMENT.

Au-dessous de l'arbre, il y avait un banc où quelques matelots s'étaient assis; maître Piment s'avança vers eux, le poing levé :

— Place! sacripans d'Anglais, renégats, chameaux du diable! Place donc!

Les marins s'enfuirent précipitamment, de crainte de recevoir des coups de sifflet dans les côtes.

— Mon commandant, donnez-vous la peine de vous asseoir, dit alors l'officier marinier en montant sur le banc d'où il se proposait de haranguer les matelots.

Il convient de ne retrancher à cette remarquable pièce d'éloquence que les jurons énergiques dont elle était émaillée en guise de points d'exclamation.

— Oui! c'est vrai! c'est la pure vérité! vous êtes tous pires que des Anglais pur-sang, des sans-raison et des sans-cœur, des riens de rien! qui commencent par frapper un cartahu au bout d'une branche d'arbre... que, sans moi, vous faisiez un malheur!.. Vous ne savez pas, vous autres, conscrits d'un jour, ce que c'est que ce vieux brave, cet ancien, ce vénérable, quoi!... — Sauf votre respect, commandant, faut bien leur dire qui vous êtes... — Quoique tu ne mérites pas la peine que je me donne, tas de morceaux de filin pourri!... C'est le commandant Kerbozec!

Un murmure en sens divers se fit entendre.

Les marins, à qui la furie du contre-maître avait imposé jusque là une obéissance pour ainsi dire machinale, commençaient à se reconnaître.

Ceux pour qui le nom du capitaine de vaisseau avait une signification, s'entre-regardèrent avec une sorte de stupeur, mais Arrache-Tout et ses compagnons s'étaient donné des coups de coude ; on se moquait d'eux par derrière ; déjà des cris menaçants partaient des rangs de la populace.

— A l'arbre! à bas le contre-maître! A la lanterne tous les deux!

Maître Piment se tourna vers ceux des marins que le nom de Kerbozec avait frappés d'étonnement ou de respect, et du ton le plus ironique :

— Ils ne savent pas, dit-il en haussant les épaules, ce que c'est que le commandant Kerbozec!.. Pardon! excuse! je les ai encore flattés en les appelant chiens d'Anglais, vu que les Anglais, eux, le connaissent bien! Oui! oui! ils ont leurs raisons pour ça, que je dis! Le commandant Kerbozec leur en a assez fait danser des danses!

Les cris de la foule continuaient ; le second maître, dont on couvrait ainsi la voix, fit une grimace affreuse en mettant ses deux poings sur ses hanches. Puis, comme si cette première attitude oratoire n'eût pas suffi pour exprimer sa colère méprisante, il posa sur son nez le pouce de sa main droite qu'il ouvrit en imitant le battement d'aile du goëland; et enfin, attendu que son geste irrévérencieux ne calmait aucunement la multitude, il saisit son sifflet de manœuvre et souffla. Roland à Roncevaux ne soufflait pas de plus grand cœur. Le son aigu, qui avait cent fois dominé le bruit des tempêtes maritimes, eut le don d'apaiser pour une seconde la tempête populaire.

— Ecoutez-moi donc! une bonne fois, vous autres, s'écria aussitôt le contre-maître.—Arrache-Tout, poursuivit-il, avance à l'ordre !

Arrache-Tout, docile comme un mouton, avança jusqu'auprès du banc,

— Ouvre l'œil et l'oreille, renégat, poursuivit maître Piment, ce que je vas dire, tu vas le répéter bien haut, en face, au commandant Kerbozec.

— Ah ça! maître Piment, vous, vous êtes un vieux, un ancien! C'est connu! dit Arrache-Tout. On vous écoute. Ce que vous commandez, on le fait. C'est bon! Mais c'est pas pourtant une raison d'appeler le monde : chameau, Anglais et renégat, rapport à un aristocrate qui n'a pas voulu crier: *Vive la Nation!*

Maître Piment, après avoir bravé par ses poses et ses dires la populace ameutée, sentit qu'il était indispensable de ne pas irriter les matelots. Contrairement à l'attente de la plupart d'entre eux, il laissa parler Arrache-Tout jusqu'à la fin ; et du ton d'un supérieur qui daigne accorder une explication :

— Je dis que tu es un chameau, et à double bosse encore, parce que tu n'entends pas le simple bon sens; je dis que tu es un Anglais, parce que tu as porté ta vilaine patte sur un officier qui leur-z-y a-t-envoyé plus de dix et de vingt brûlées aussi aux Anglais! donc faut que tu sois un mauvais Français et un renégat, puisque tu as frappé le cartahu pour l'élinguer.

Les paroles du maître firent impression sur quelques matelots des plus enragés.

— C'est-il donc vrai, murmuraient-ils, qu'il a battu l'Anglais?

— Je disais bien, moi, reprit avec volubilité maître Piment, je disais bien que vous n'êtes tous qu'un tas de conscrits! Hein, tu ne sais pas, vous autres, qui est-ce qui commandait l'*Arrêteuse* (1), quand nous avons coulé la frégate anglaise l'*As-de-Pique* (2), en face de Saint-Domingue? et quand nous avons ramassé comme d'un coup de seine le *Pilote* (3), qu'ils appellent *Paille-Ote* dans leur baragouin, —vu apparemment que pour bien piloter faut s'ôter les pailles qu'on a dans l'œil, par supposition,—et le *Rat-Cerf* (4) et le *Ca-Faux* (5), qui en était pourtant un vrai de brig, tout ça d'une fois, à l'ancre, devant Gorée, au Sénégal! Mais ils ne savent rien de rien ces enfants-là, pas tant seulement un bout de musique, continua le contre-maître, dont les facétieuses parenthèses amusaient à présent tous les marins.

Les matelots avaient ri, la populace voulut savoir pourquoi; de proche en proche, le discours du second maître arriva jusqu'aux extrémités de la place; les cris furieux s'apaisèrent.

Un des commis-voyageurs dit de loin :

— Pourquoi ne veut-il pas crier : *Vive la Nation.*

— Pourquoi! repartit maître Piment d'un ton moqueur, ce n'est pas malin, ça. Je vas vous faire expliquer la chose par ce brigand d'Arrache-Tout en personne.

— Monte ici, caïman vert, continua le maître en tirant Arrache-Tout par sa cravate.

---

(1) L'Aréthuse.—(2) La Pique.—(3) Le Pilot.—(4) Le Racer.—(5) La Sapho.

Le terrible matelot, transformé tout à coup en paisible comparse, se laissa faire encore une fois.

La foule avait un spectacle, elle ne rugissait plus :

— Voyons, Arrache-Tout, réponds-moi un peu, dit le maître, aimes-tu le bon vin?

— Tiens! fit le matelot.

— Eh bien, une supposition que je commencerais par te bucher dessus à coups de pied, à coups de poing, à coups de corde, de toute manière, sans t'en dire seulement la raison, et qu'après je te commanderais de crier : *Vive le bon vin!* en manière de me demander pardon de t'avoir défoncé ta coque et ton gréement, qu'est-ce que tu ferais?

— Je vois la couleur, dit Arrache-Tout.

— Ah! tu vois la couleur! suffit! Et pourtant tu n'es qu'un failli mousse, par comparaison avec le brave commandant Kerbozec ! Tu aimes le vin, toi ! Il n'aime pas la Nation, peut-être, lui! Demande voir à l'Anglais!... Pour qui donc qu'il se battait à bord du vaisseau le *Diadème*, quand nous avons prêté côté à l'*Illustrious* et au *Calcutta*, devant Ouessant, que l'*Illustrious* n'a pas demandé son reste et a pris le large, et que le *Calcutta* est rentré à notre remorque dans Brest? C'était pour la Nation, pour la France, hein! que nous travaillions cette fois là? Et le commandant, ici présent, — c'est pas parce qu'il est là que je le dis, dam, mais pour la vérité de la chose, — il était dans ces temps-là, capitaine de la batterie, et il nous a menés à l'abordage à bord du *Calcutta*, toujours en avant! — Arrache-Tout, je te commande de crier :

« Le commandant Kerbozec est un brave qui s'est tou-
» jours battu comme un vrai Français contre les Anglais
» sur mer et sur terre pareillement ! »

Arrache-Tout, d'une voix de Stentor, répéta cette étrange proclamation :

— Vive le commandant Kerbozec! cria maître Piment aussitôt.

— Vive le commandant Kerbozec! répétèrent les matelots enthousiasmés.

Le contre-maître se tourna vers Arrache-Tout.

— J'avais idée tout à l'heure de te faire demander des excuses au commandant, en disant : — Je ne savais pas que c'était vous qui avez coulé l'*As-de-Pique*, qui avez pris le *Pilote*, le *Rat-Cerf*, le *Ca-Faux* et le reste, que vous commandiez la batterie du *Diadème* au combat du *Calcutta*... et encore bien des choses; mais tu n'as pas besoin d'en dire si long.

— Non, sûrement, commandant, interrompit le farouche marin, je ne savais pas tout ça, dam! c'est pas ma faute; pardon, s'il vous plaît, vous étiez en bourgeois, mon commandant.

— A genoux! brigand, s'écria le contre-maître en assénant un coup de poing sur le chapeau d'Arrache-Tout; demande ta grâce, vu que tu as mérité d'être pendu au bout d'une vergue, vrai comme je suis Mathieu Piment du *Diadème*.

Les matelots qui tout-à-l'heure obéissaient aveuglément au colossal Arrache-Tout, riaient à ses dépens. Le vicomte de Kerbozec, jusque là simple spectateur des faits et gestes du contre-maître, était resté assis sur le banc; ses traits n'avaient pas exprimé le moindre sentiment de crainte; par moments il avait souri aux étranges saillies de l'officier marinier.

Lorsqu'Arrache-Tout, devenu tremblant, car il se sentait coupable d'avoir porté la main sur un capitaine de vaisseau, et passible de la peine de mort, fut à genoux devant lui, le vieux gentilhomme se leva et fit signe à maître Piment de descendre.

Le contre-maître porta la main à son chapeau, donna un long coup de sifflet, et s'écria d'une voix enrouée :

— Attention, matelots! Silence haut et bas! le commandant Kerbozec va parler!

En même temps l'intrépide sous-officier descendit du banc, et passant une sorte d'inspection des marins assemblés, il contraignit du geste tous les autres coupables à prendre l'humble posture où se trouvait déjà le farouche gabier :

— Relevez-vous, dit alors le capitaine de vaisseau; je ne porterai pas de plainte contre vous; mais rappelez-vous bien que vous avez commis la plus grave des fautes, et désormais ne vous rendez plus coupables d'actes pareils! N'attentez jamais à la liberté ni à la vie de vos concitoyens! Respectez vos chefs, défendez-les au besoin! Des marins français devraient-ils faire le métier de bourreaux? Il y a des juges en France, et personne ne doit être condamné sans avoir été entendu. Maintenant, mes amis, ne séparons pas deux choses inséparables dans notre patrie : *Vive le Roi! Vive la Nation!*

Maître Piment répéta le cri du capitaine de vaisseau, tous les matelots en firent autant.

— Où voulez-vous qu'on vous mène? demanda le maître de manœuvre, pendant que les matelots, à commencer par Arrache-Tout et ses complices, criaient à tue-tête : Vive la Nation! Vive le Roi! Vive le commandant Kerbozec!

— A la voiture de Brest, si elle n'est pas encore partie.

— A la voiture de Brest! cria le contre-maître d'une voix perçante.

Les matelots prirent le capitaine de vaisseau dans leurs bras, et fendant la foule, se dirigèrent vers la porte de la ville.

La populace, changeante comme elle l'est toujours, suivait en applaudissant, mais il lui fallait son cri de haine ; les matelots le poussèrent les premiers en hurlant : « A bas les » Anglais! » Elle le répéta de toutes ses forces.

A la porte de la ville on apprit que le voiturin, las d'attendre, était parti; les marins se mirent à courir, rattrapèrent la patache, et quand le capitaine de vaisseau y fut entré, ils poussèrent de nouvelles clameurs jusqu'à ce qu'elle eût disparu.

Toutefois, maître Piment s'était approché du vicomte de Kerbozec, qui le remerciait de son intervention si opportune, et lui donna un louis pour boire à la santé du Roi.

— Merci, commandant! dit le contre-maître; à cette heure, avec votre permission, un petit mot par complaisance. Vous allez à Brest, pas vrai? Promettez-moi, s'il vous plaît, de me faire demander de suite. Je n'ai qu'une peau, voyez-vous! elle est à votre service, c'est vrai. Malgré ça, j'aimerais qu'elle restât encore quelque temps chevillée sur mes os jusqu'à une honnête occasion de s'en défaire, s'entend! Voilà mon idée.

— Mais encore fit le capitaine de vaisseau.

— Voyez-vous, commandant, dit le second-maître en baissant la voix; les patriotes d'ici ne me pardonneront pas ce que je viens de faire par rapport à vous. Je vas me tenir tranquille à bord du vaisseau-caserne ; — la peste si on me croche en ville ! Faites-moi rallier Brest. Il n'y a plus de sureté pour moi à Lorient, et puis, partons bien vite sur la mer jolie ; voilà encore mon idée, s'il vous plaît.

— Très-bien, mon brave, répondit le vicomte de Kerbozec, sois tranquille! adieu!

XVII.

FAITS, GESTES, PÈLERINAGE ET IDÉES NOTABLES DE MAITRE MATHIEU PIMENT DU *DIADÈME*.

En 1783, quelques mois après la conclusion de la paix entre la France et l'Angleterre, le vaisseau le *Diadème*, qui avait pris une part glorieuse à la guerre de l'indépendance des Etats-Unis, faisait partie d'une escadre d'évolution et s'exerçait, dans le golfe de Gascogne, aux grandes manœuvres de la tactique navale.

A bord de ce vaisseau se trouvaient en qualité de major de vaisseau et capitaine en second le vicomte de Kerbozec qui, l'année précédente, n'y remplissait que les fonctions de premier lieutenant, et en qualité de quartier-maître de manœuvre chef de la grand'hune, Mathieu Piment, l'un des fins gabiers du bord.

Depuis longues années l'officier et le matelot se connaissaient, ils avaient combattu ensemble sur la frégate l'*Aréthuse*, commandée par Kerbozec; ils avaient fait en outre sur les mêmes navires plusieurs autres campagnes de paix ou de guerre.

Par une nuit noire et à grains, l'escadre louvoyait bord sur bord pour s'élever dans le lit du vent.

Mathieu Piment était de quart dans sa hune ; tout à coup un épais nuage s'élève à l'horizon; l'amiral signale de diminuer de toile et de prendre un second ris aux huniers.

A bord du *Diadème*, on se hâte de se conformer à l'ordre transmis par des fusées et des coups de canon, Piment s'élance sur la vergue. le grain éclate avec furie, la pluie tombe à torrents avec un épouvantable bruit de tonnerre, la foudre éclate par deux fois autour de la division.

Au milieu de cet effroyable tumulte, le brave chef de hune, qui venait d'achever son opération, rentrait le dernier sur le mouvant plateau où il exerçait sa petite autorité. Il s'accroche à une corde pour se glisser dans la hune, mais la corde avait cassé sans qu'il s'en fût aperçu; ses mains et ses pieds manquent en même temps, il pousse un cri, tombe à la mer, appelle encore. Personne ne l'entend ; le grain était alors dans toute sa force; la division rapidement emportée par le vent qui redouble, fuit dans l'obscurité.

Mathieu Piment se trouva bientôt seul dans l'immensité de la mer, il ne voyait plus que les fanaux de position des vaisseaux qui couraient à l'ouest-sud-ouest.

Que faire? On n'a pas remarqué son absence, on ne le cherche point, il est perdu s'il reste en place. D'un autre côté, la brise de nord-ouest est ronde, les vaisseaux marchent bien, et quoiqu'il soit habile nageur, il est trop bon marin pour songer à rattraper l'escadre.

Après ces réflexions, Mathieu Piment leva les yeux au ciel ; il vit une étoile qui perçait les nuages; le grain avait cessé ; le ciel, balayé par la brise, reparaissait bleu et pur.

— « C'est le cas, pensa le marin, de faire un vœu à la sainte Vierge, dont je vois l'étoile dans le lit du vent. Si je parc cette coque-ci, je veux aller à Sainte-Anne-d'Auray, à pied comme un soldat, nu-pieds comme un matelot, un cierge à la main. Voyons voir ce qu'il y a de mieux à faire! »

Plein de confiance et de sang-froid, Mathieu Piment examine encore la position de l'escadre, se débarrasse de ses vêtements; et puis, prenant son parti, se met à nager vigoureusement, non dans la direction des vaisseaux, mais dans une direction oblique, droit du côté du vent, au nord-ouest.

L'étoile le guide. Il est sûr d'être sauvé, non-seulement comme chrétien, mais encore comme matelot, et voici comme :

L'escadre, depuis plusieurs jours, vire régulièrement de bord de quatre en quatre heures, il y en a deux qu'elle a viré pour la dernière fois; ainsi, dans deux heures elle changera de direction, et courra, si la brise reste la même, chose probable, de façon à passer juste au point de la mer au-dessus duquel brille l'étoile. Il s'agit, pour le nageur, de parcourir en quatre heures la base d'un triangle isocèle dont les deux côtés égaux doivent être parcourus par l'escadre dans le même espace de temps.

Bien que Piment ne fût pas très-versé dans la connaissance de la géométrie, il en savait assez pour comprendre que la ligne droite est le plus court chemin; la division, qui louvoie sous petite voilure, fait des zigzags; lui, va couper droit.

Tout en tirant la brasse, il remercie la sainte Vierge de lui avoir inspiré cette pensée, il nage avec ardeur. Il avait déjà fait plus de la moitié du chemin quand il vit l'escadre virer de bord, ce dont il jugea aisément par la position des fanaux.

Sa dernière crainte s'évanouit alors; il n'a plus qu'à continuer, il sera au point convenable avant les vaisseaux. Il nage en effet jusqu'à ce que tous les fanaux de la division se confondent les uns avec les autres, et se maintient, grâce à cette simple observation, juste à l'endroit où l'escadre doit défiler en bon ordre.

Il y était depuis quelques minutes, quand le premier vaisseau arriva sur lui ; Piment s'écarte et ne dit rien ; un deuxième, un troisième vaisseau passent, le nageur flotte dans l'écume des lames brisées, mais continue à garder le silence; le quatrième vaisseau était le matelot d'avant de l'amiral, l'intrépide nageur se tait toujours; l'amiral, son matelot d'arrière, filent encore, Piment s'obstine à se tenir dans l'écume; il fait nuit, on ne peut le voir; il n'appelle pas, il attend.

Enfin le septième navire était le *Diadème*.

Le noble vaisseau s'avançait à son tour; une voix sonore partie du sein des flots, héla :

— Ho, du *Diadème*, ho !

A bord du *Diadème* on fit silence.

— Jetez la bouée à Mathieu Piment, tombé à la mer pendant le grain ! cria l'habile nageur.

On lui jeta la bouée, un canot le recueillit quelques instants après.

Le roi Louis XVI, instruit de ce trait de sang-froid extraordinaire, ordonna que Mathieu Piment fût élevé au grade de contre-maître, s'occupa de lui, se fit présenter ses états de service, lui envoya une médaille d'or pour divers actes de bravoure antérieurs, et le désigna par le nom honorifique de l'*Homme du Diadème* (1).

Le contre-maître conserva cette appellation dans la marine, où il était connu de tous les matelots.

Après la campagne d'évolution, maître Piment accomplit pieusement son vœu à Sainte-Anne-d'Auray, sac au dos

---

(1) Historique de tous points.

nu-pieds, un cierge d'une main et de l'autre un petit vaisseau qu'il avait fabriqué lui-même sur le modèle du *Diadème*. Quand il eut appendu ce chef-d'œuvre de patience et d'adresse à la voûte sainte de la chapelle, il se rendit à Rosven, où le vicomte de Kerbozec était alors en congé.

Rosven n'était qu'à huit ou dix lieues : le bon marin ne voulut pas perdre l'occasion de présenter ses respects affectueux à l'officier qui s'était le plus chaudement employé pour lui, à son ancien commandant de l'*Aréthuse*, au chef qu'il préférait à tous ceux sous les ordres desquels il s'était trouvé.

La réception faite au pèlerin-matelot par e bonhomme Jean-François Bozec, par Armand, l'aîné de la famille, par la bonne femme, et par Mme. Armand, qui vivait encore à cette époque, ravit le digne contre-maître au septième ciel.

Le vicomte de Kerbozec le prit par la main, et le présenta en racontant son aventure. Les domestiques ébahis là rapportèrent aux fermiers ; ce fut un événement au manoir et dans les métairies.

— Mon bon ami, demanda la vieille châtelaine au contre-maître, à quoi pensiez-vous dans l'eau, quand vous nagiez au-devant de la division?

— Je pensais, madame, répondit le marin, je pensais principalement à bien gouverner, et ensuite à mon vœu, comme de juste; mais une fois ça, je me disais en moi-même que le bon Dieu ne permettrait pas que le fils de ma bonne femme de mère avalât sa gaffe le premier. Car voyez-vous, madame, ma bonne femme de mère est quasiment aussi vieille comme vous ; un cœur d'or, qui se tirerait son sang pour moi! Qu'est-ce qu'elle deviendrait, mon Dieu ! si elle apprenait que son petit Mathieu a fini de bourlinguer?

Pauvre vieille!.. Je ne lui ai rien écrit de tout ça, vu qu'elle aurait voulu venir aussi à Sainte-Anne, et ça l'aurait fatiguée. Donc, partant de Brest, j'ai commencé par mon vœu, demain je serai chez nous! Va-t-elle être contente! — Mais pourtant, j'avais quelque chose qui me consolait au cas où je serais fichu, sauf le respect de la compagnie. — Vous savez, madame, qu'à bord de l'*Arrêteuse*, dans les temps, à l'époque du combat de l'*As-de-Pique*, j'avais reçu une balle, ici, dans le côté; ça naviguait mal. Le commandant Kerbozec, qui est là, votre gars, madame, vint me voir comme j'étais en train de dire : — « Qui donc qui donnera du pain à ma bonne femme, si je file mon nœud à cette fois? » C'était là, voyez-vous, ma grande inquiétude ; ça me donnait la fièvre et tout, que le docteur me commandait de me tranquilliser; mais pas mèche, moi, je me damnais rapport à ma mère... — « Piment, mon garçon, dit-il (le commandant Kerbozec, s'entend), faut rester calme, voilà l'ordre, quoi! Où ce qu'elle reste, ta bonne femme? Je m'en charge! » — « A Sarzeau, mon commandant, que je réponds. » — « C'est bien, dit-il. » — « Merci, commandant, me voici calme comme de l'huile; je vous connais! » Eh bien, madame, tout en hâlant la brasse, je me rappelais ça, j'avais confiance : — « A l'appel, quand on verra que Piment a passé dans la soute aux légumes des requins, M. Kerbozec pensera à la chose de l'*Arrêteuse*, que je me disais ; il enverra la délègue (1) à la vieille qui, voyant ça, jugera que Mathieu Piment navigue toujours sur la mer jolie. Elle m'espérera un jour et puis l'autre, en marronnant contre moi, parcequ'elle n'aurait pas reçu de lettre de son fils, jusqu'à

---

(1) Délègue, délégation, retenue faite sur la solde des marins en faveur de leurs familles.

temps que vienne le moment d'aller répondre à l'appel pour le grand quart,—s'entend, madame, sans vous commander, chez le bon Dieu!—Pour lors, moi, je m'avançais tout doucement, tout doucement : — « Mère, que j'aurais dit, faut pas vous étonner si je vous écrivais pas, je vous attendais en Paradis; c'est le commandant Kerbozec qui vous attrappait là-bas en vous envoyant la délégue. » — Bon : et rien qu'en pensant tout ça, j'avais la larme à l'œil, et je hâlais toujours la brasse, sur mon étoile, la division étant bâbord à moi. — Comme de juste et de raison, le commandant Kerbozec me dit le lendemain ce qu'il comptait faire, quand on vit à minuit que Mathieu Piment n'était plus à son poste. C'était justement ce que je me racontais; — et donc je suis venu ici le remercier encore une fois. Voilà mon idée! Demain la bonne femme sera contente!

Le récit de Mathieu Piment du *Diadème* provoqua en même temps le rire et les larmes de son bienveillant auditoire.. Le bonhomme Jean-François voulut qu'on débouchât un flacon du vin le plus vieux pour le vider à la santé du marin et de sa mère; Armand, Hilaire, le vicomte Michel trinquèrent cordialement. Ermel était alors à l'Ecole militaire.

Le contre-maître ajouta en finissant :

— Moi, voyez-vous, je ne suis pas ce qu'on appelle un saint; je suis matelot, je fais mon service ici, je pense qu'une fois là-haut il y aura bien un coin pour un fin gabier, pas vrai, madame? c'est mon idée! suffit. Mais, ma bonne femme, en voilà une de sainte. C'est pourquoi je vas lui commander de prier pour mon commandant, et encore pour toute votre case, par rapport à moi, sans lui dire le fin du fin, vous comprenez!

Enchanté de sa réticence, le petit contre-maître prit

congé de la compagnie; les gens de la maison et ceux de la ferme le fêtèrent. Les Gavésio, charmés d'avoir fait sa connaissance, l'accompagnèrent sur la route de Sarzeau, portant l'un son sac, l'autre son étui de fer blanc.

Pierre Gavésio, avant de le laisser continuer seul, lui prit la main :

— Maître Piment, dit-il, écoutez bien.

— Bon! j'écoute, répondit l'autre.

— Vous aimez M. Michel, pas vrai!

— A mort!

— Pour lors, si vous voulez, par hasard, ma fille, je vous la donne.

— Tiens! dit maître Piment, cette belle grande, jolie, mignonne qui s'appelle Toinette, m'est avis! Beau brin de fille!

— Justement! Eh bien?

— Pas possible. Pour le quart d'heure j'ai ma bonne femme.

On fit quelques pas.

— Mais..... dit timidement le fermier, voulant faire entendre que la mère du marin pouvait mourir d'un jour à l'autre, et qu'alors...

— Alors, interrompit le contre-maître, devinant à demi-mot, alors, pas plus qu'aujourd'hui. Si j'étais pour vivre à terre, je ne dis pas. Votre Toinette est bien gréée, bien espalmée, c'est vrai! Elle me plaît tout de même : un vrai charme en fleur, quoi! Mais, père Gavésio, c'est trop beau pour Mathieu Piment. Faut que je navigue !

— Adieu donc, dit le fermier, n'en parlons plus! Si jamais votre bonne femme a besoin d'amis quand vous n'y serez pas, qu'elle vienne à Rosven, nous y serons, nous!

— Bon! voilà qui me va mieux. Le mariage, c'est gentil

pour vous autres ; pour nous, des matelots, ça ne vaut rien.
— C'est encore une idée à moi! il y a des marins qui ont l'idée à contre : c'est indifférent, voilà la différence.

Le contre-maître et le fermier s'embrassèrent, et puis se séparèrent.

Sept ans après, maître Piment du Diadème finissait la campagne de Saint-Domingue à bord du *Lys* : il renouvela connaissance avec Alain Gavesio, qu'il avait vu tout enfant à Rosven, et rencontra par la même occasion Ermel de La Faugerais passager pour le retour en France.

Le *Lys* ayant désarmé, maître Matthieu Piment alla droit à Sarzeau. Sa mère, qui, sur les entrefaites, avait été reçue à Rosven, et non moins bien traitée par les maîtres que par les fermiers, — sa mère venait de mourir. Le marin fit dire une messe pour elle par le curé non assermenté, distribua son argent aux pauvres, et prit la route de Lorient, où il était employé dans le port, et chargé de l'instruction générale des matelots du vaisseau-caserne, lorsque le vicomte de Kerbozec faillit être pendu par Arrache-Tout.

Grâce à ses fonctions spéciales, le maître de manœuvre était connu de tous les marins et les connaissait tous. Son agilité, son adresse, son habileté lui avaient conquis l'estime générale de ses subordonnés. Il savait les mener, et malgré sa petite taille, sa force médiocre et son ensemble fort peu imposant, il les faisait marcher à la baguette.

C'était en sortant du port, après l'exercice des voiles, qu'Arrache-Tout et ses camarades aperçurent la foule ameutée et qu'ils s'emparèrent du capitaine de vaisseau. Maître Mathieu Piment les suivait de loin, à petits pas. Tout-à-coup il reconnut le vicomte de La Faugerais.

Le surlendemain, Michel de La Faugerais entrait à Brest. A peine arrivé, il fut désigné par l'autorité maritime pour prendre le commandement de la frégate *la Constitution* ; il écrivit aussitôt à Lorient afin que maître Piment fût dirigé sur son bord. Le petit contre-maître ne tarda pas à se préter devant lui.

— Ah ! les brigands ! les scélérats ! les banians ! dit-il, après avoir salué son commandant, c'est qu'ils se sont ravisés. Dam! il voulaient m'élinguer aussi. Patati, patata! mais on a l'œil américain. D'abord, les matelots, c'était à moi; et ensuite je faisais veiller par des braves de Sarzeau, des pays, vous savez! Seulement, plus moyen de sortir du port, pas mèche d'aller voir son hôtesse, ni de boire un coup. Si j'avais mis le pied en ville, ils me lardaient, c'était décidé. Quand vous m'avez fait demander, j'ai filé à brun de nuit, déguisé en calfat, à bord d'un caboteur, avec une bonne brise de sud-est. Encore une coque de parée, mon commandant, ce n'est pas de cette fois apparemment qu'ils me génoperont. Voilà! Où faut-il aller maintenant?

— Attends-moi, nous irons ensemble à bord de *la Constitution*.

— Ça me va, fit le second-maître, si tant seulement nous pouvions prendre le large, ça m'irait encore bien mieux!

— Il faut espérer que j'aurai un commandement réel, et alors tu m'accompagneras, j'en réponds!

— Merci! commandant, je n'en demande pas plus! Envoyé ! répondit maître Mathieu Piment du *Diadème*.

XVIII.

A LA PIQUE RÉPUBLICAINE.

La frégate *la Constitution* fut envoyée en rade immédiatement après son armement; le vicomte de Kerbozec sollicitait avec instances un ordre de prendre la mer, une circonstance favorable le servit.

Un ancien capitaine de vaisseau, le comte Claret de Fleurieu, sous les ordres duquel avait navigué le vieux gentilhomme, venait d'être appelé à diriger le département de la marine; il eut connaissance des demandes réitérées de M. de Kerbozec, lui confirma le commandement de la frégate et lui donna mission d'aller à l'Ile-de-France, Bourbon et Pondichéry, pour y apporter des ordres relatifs au service colonial. En revenant, *la Constitution* devait toucher à la Nouvelle-Hollande, où le roi Louis XVI comptait fonder un établissement.

Dès qu'elle fut en rade, le commandant ne mit plus pied à terre que pour les affaires de service les plus urgentes; car déjà des scènes dans le genre de celles de Lorient avaient eu lieu à Brest, où l'autorité supérieure, bien qu'exercée avec dévoûment et fermeté, n'était plus secondée de manière à contenir la populace.

Quelques matelots du port de Lorient furent expédiés à Brest vers la même époque ; Arrache-Tout et plusieurs de ses camarades étaient du nombre, ils reçurent pour destination la frégate commandée par le vicomte de Kerbozec. Mathieu Piment du *Diadème*, premier maître de manœuvre à bord de *la Constitution*, était sur le pont quand les nouveau-venus accostèrent, sac au dos, dans une grosse chaloupe du port. »

Il reconnut de loin Arrache-Tout et sa bande : — « Ah ! ah ! dit-il, nous allons rire. Si tant seulement le commandant montait sur le gaillard d'arrière ! ça serait un peu drôle !

Le maître n'avait pas achevé ses réflexions, que le vicomte de Kerbozec parut.

En ce moment la chaloupe aborda; Arrache-Tout et ses camarades grimpèrent à l'échelle, ils se mirent en rang pour répondre à l'appel et se faire enregistrer sur le rôle d'équipage.

Le commandant s'avança vers eux ; Arrache-Tout leva les yeux, le vit, et poussa un cri de terreur. L'équipage assemblé sur le gaillard d'avant ne comprenait rien à l'hilarité de maître Piment, qui, les deux poings sur les côtés, s'appuyait contre le grand mât en étouffant d'homériques éclats de rire.

Arrache-Tout devint pâle comme un linceul; il tremblait de tous les membres; il lâcha son sac.

Le commandant, forcé de porter son attention sur ce matelot épouvanté, ne le reconnut pas d'abord.

— Qu'as-tu donc, mon garçon? demanda-t-il.

— Ce que j'ai? s'écria le colosse en reculant d'effroi... je suis... un homme mort!...

Tous ses muscles semblèrent s'être détendus; il restait affaissé, sans faire un geste. Maître Piment avait sommairement conté à ses voisins l'aventure de Lorient; l'histoire passa de bouche en bouche; le gaillard-d'avant riait, tandis que la peur d'Arrache-Tout se communiquait non-seulement à ses complices, mais à tous les nouveau-venus.

— Ah! ah! j'y suis! s'écria enfin le capitaine de vaisseau, tu es mon pendard de Lorient.

A ces mots, Arrache-Tout tomba à genoux, en criant d'une voix lamentable :

— Grâce! grâce! mon commandant..... Vous savez bien... je ne vous connaissais pas...

Le capitaine de vaisseau aurait sans doute répondu qu'il avait déjà pardonné, Arrache-Tout ne lui en laissa pas le temps. Passant d'un extrême à l'autre, le marin retrouva tout à coup ses forces, s'enfuit du côté du gaillard-d'avant, s'ouvrit passage à travers les gens du bord, et finit par s'élancer de la poulaine à la mer. Il avait perdu la tête. Le capitaine de vaisseau fit un geste d'impatience; l'équipage se tut, maître Piment lui-même se calma.

— Un canot! qu'on le sauve! qu'on me l'amène!

Pendant que le maître et une troupe de marins se jetaient dans l'embarcation, rattrapaient Arrache-Tout et le ramenaient à bord de vive force, on acheva l'appel des autres nouveaux arrivants.

Le capitaine de vaisseau feignit de ne reconnaître aucun des hommes qui, un mois auparavant, l'avaient d'abord assailli et sauvé ensuite grâce à maître Piment du *Diadème*. Enfin on lui rapporta le fameux Arrache-Tout.

— Je t'ai pardonné, mon garçon, dit le commandant

avec sévérité; ta peur d'aujourd'hui est une sottise. Conduis-toi bien à mon bord, je n'en exige pas davantage.

Le matelot hébété ne sut que répliquer ; le capitaine d'armes, sous-officier chargé de la police, eut ordre de le faire garder à vue jusqu'à ce qu'on fût bien sûr qu'il ne tenterait plus de s'évader.

Un mois après, Arrache-Tout était gabier de misaine, et confessait que le commandant Kerbozec méritait bien d'avoir été sauvé. — « Maître Piment est fameusement arrivé, disait-il : c'aurait été dommage tout de même de trésillonner un vieux brave pareil ! »

Arrache-Tout était un excellent matelot; il n'eut qu'à se louer du traitement de tous les officiers, et particulièrement du commandant Kerbozec, pendant le cours de la campagne, qui dura près de deux ans.

On passa d'abord dans les colonies françaises de l'Inde, où la frégate remplit scrupuleusement sa première mission; elle était en route pour la Nouvelle-Hollande, lorsque, pendant une relâche à Batavia, l'on reçut les nouvelles les plus alarmantes. Des bruits de guerre couraient dans la colonie hollandaise ; on affirmait que la France, déchirée par les factions, était attaquée par toutes les nations de l'Europe.

Kerbozec ne jugea pas convenable de prolonger son séjour dans l'île de Java ; il partit au moment où la nouvelle officielle de la déclaration de guerre allait être connue dans ces parages lointains. Au sortir de la rivière, une frégate hollandaise le croisa et lui envoya inopinément sa bordée.

Les Français se jettent sur leurs canons ; *la Constitution* vire de bord et appuie la chasse à la frégate ennemie ; mais tous les forts se garnissent, on se trouve entre deux feux. Après avoir vomi trois bordées terribles au bâtiment hollandais qui forçait de voiles pour entrer dans le port, Kerbozec se vit contraint de renoncer à la victoire : *la Constitution* gagna le large.

Il eût été dangereux et inutile, en temps de guerre, de pénétrer plus avant dans des mers où les Hollandais et les Anglais avaient déjà des forces considérables ; Kerbozec ne continua point son voyage d'exploration.

La France perdit à cette époque la première occasion de s'asseoir d'une manière stable en Océanie. Les Anglais s'agrandirent sans obstacles autour de Port-Jackson, et ainsi échouèrent, dès l'origine, les plans habiles de Louis XVI, qui faisait examiner les rivages d'Australie par l'illustre d'Entrecasteaux, et se proposait d'y fonder un établissement sur le bord de la rivière des Cygnes.

Tandis que nous perdions si malheureusement l'occasion de nous asseoir dans la cinquième partie du monde, nous nous apprêtions à la conquête de l'Europe. Quels furent les résultats de nos luttes gigantesques ?

Vingt ans de batailles sur terre, sous les ordres du plus grand général des temps modernes, ne nous ont pas fait acquérir sur le continent une lieue carrée de plus qu'avant la Révolution française, et nous avons perdu : la Louisiane, admirable contrée qui était une seconde France ; Saint-Domingue, la plus florissante de toutes les colonies du monde ; plusieurs petites Antilles, et dans les mers de l'Inde, l'île de France et son port magnifique.

Sous Louis XVI, une marine superbe, des vaisseaux qui sillonnaient toutes les mers, des officiers habiles, des marins capables, des navigateurs illustres, portaient jusqu'aux extrémités les plus reculées de l'Océan la gloire du nom français; sans coup férir, nous allions planter notre pavillon sur le continent australien et contre-balancer dès le commencement la puissance naissante des Anglais dans ces régions nouvelles. La Révolution, qui dévora nos colonies et notre marine, fit périr en germe toutes les espérances du meilleur des rois, — victime auguste et sainte dont le sang coula en expiation des crimes de ses sujets.

En prenant terre à Brest, le vicomte de Kerbozec fut immédiatement arrêté comme aristocrate et partisan de l'ancienne monarchie. La République était proclamée depuis un mois : le vieux capitaine de vaisseau arrivait avec des rapports adressés au Roi, pleins de témoignages de respect et de dévouement à sa personne. Kerbozec, d'ailleurs, avait été imprudent dans ses lettres particulières, qu'on décacheta, et parfois dans ses paroles; car il avait bien espéré, en partant, qu'à son retour il trouverait la France pacifiée, la constitution parfaitement établie, et le Roi régnant sans difficultés et sans entraves.

Le capitaine de vaisseau, qui avait fait la guerre d'Amérique, en avait rapporté, comme bien d'autres, des idées assez confuses; il ne détestait pas les formes représentatives, et ne blâmait que les excès de la Révolution, dont il adoptait les principes. Malgré le pillage des châteaux, malgré le serment exigé du clergé, malgré la persécution religieuse et les émeutes, il avait toujours pensé que le gouvernement constitutionnel se consoliderait. Il avait eu à cet égard une foule de discussions avec son frère Armand, le châtelain, ennemi de toute innovation, partisan déclaré de l'ancien régime et des franchises de la province. Mais, avant tout, le vieil officier aimait Dieu et le roi; cette religion profonde perçait dans toutes ses actions; on ne lui tint aucun compte de ses utopies, il était aristocrate de naissance et noble de cœur. On commença par l'enfermer en prison, sa frégate fut désarmée.

Maître Piment coiffa le bonnet rouge, apprit le *Ça ira*

et le *Chant du Départ*, déclara qu'il voulait être libre et commença par se faire congédier du service.

Une bande de matelots lorientais, entre lesquels on remarquait le grand gabier de misaine surnommé Arrache-Tout, le suivaient incessamment. Dans la rue des Sept-Saints, le quartier populaire de Brest, le cabaret de la *Pique Républicaine* servait de rendez-vous aux matelots, désormais affranchis de toute autorité.

La mère Barbe, qui tenait cet établissement, avait consulté maître Mathieu Piment du *Diadème* sur le choix d'une enseigne moins compromettante que celle de : *Au Vaisseau la Couronne*, naguère affichée avec ornements fleurdelisés ; le maître d'équipage n'hésita pas un instant :

— Vous vous ferez faire, dit-il à l'hôtesse, une frégate avec un bonnet rouge planté sur le grand mât et on écrira en dessous : *A la Pique Républicaine*.

— Tu crois ! dit l'hôtesse. Mais c'est une enseigne de sans-culottes ?

— Voilà justement ce qu'il nous faut, répliqua sentencieusement le maître de manœuvre.

— Piment, mon fils, comment se fait-il qu'un brave comme toi, que le Roi avait décoré d'une médaille d'or et baptisé l'*Homme du Diadème*, ait viré en grand à la république ?

Maître Piment regarda tout autour de lui, ne vit personne, haussa les épaules, et dit à demi-voix d'un ton calin et malin :

— Mère Barbe, soit dit sans vous offenser, il y a ici bien des cruches petites et grosses ; mais la plus grosse de toutes, avec votre permission, c'est bien vous ! foi de matelot !

— C'est vrai ! t'as raison ! répondit l'hôtesse en secouant la main du maître de manœuvre, mais tu me connais.

— Si je vous connais ! fit Mathieu Piment.
— Eh bien ?
— On a son idée !
— Je veux savoir.
— C'est rapport au commandant Kerbozec ; pas un mot!

L'hôtesse se rengorgea pour sourire, ses trois mentons en caracolèrent :

— Tu auras ton enseigne pas plus tard que demain, dit-elle après un instant de réflexion.

A peu de soirs de là, plus de cinquante matelots de la *Constitution* étaient rassemblés dans le cabaret; maître Piment allait d'une table à l'autre en disant à chacun de ne pas sortir sans l'avoir averti. La nuit s'avançait. Les buveurs attardés se retirèrent, il ne resta plus que des gens sur lesquels le maître pouvait compter.

— Mère Barbe, fermez vos portes, s'écria le vieux marin. Faut être en famille.

Deux minutes après, un coup de sifflet retentit : l'attention générale se porta sur maître Piment, qui du haut d'un bahut haranguait ses camarades.

— Il ne s'agit pas, matelots, de faire les capons ici, dit-il en finissant; celui qui brasse à culer, on le déralingue ! on l'assomme ! on le met en étoupe !

— Oui, maître, dit l'équipage tout d'une voix.

— Ah! ils ont mis le commandant Kerbozec en prison, ils voudraient le juger et le guillotiner ! Attends-moi un peu! Pas vrai ? hein ?

— Oui, maître ! répond l'équipage.

— Voyons ! attrape à se gréer ! et pas de bêtises ! faut crier : Vive la République ! La Liberté ! l'Egalité ! pas autrement.

— Bon ! bon ! voilà quatre fois qu'il nous dit ça ; c'est connu !

En parlant ainsi, les matelots, coiffés pour la plupart de bonnets rouges, se *gréèrent* ou pour mieux dire s'armèrent de piques, de hachots et de biscaïens estropés et emmanchés de manière à former de formidables fléaux. Arrache-Tout se faisait remarquer par un fort grappin d'abordage garni d'une longue corde qu'il portait sur l'épaule.

Au point du jour maître Piment entonna le *Ça ira*. Sa troupe s'élança dehors en désordre; la mère Barbe-Jean, inquiète du succès de l'expédition, sortit la dernière du cabaret, ferma la porte et alla se mettre en observation, tandis que les marins gravissaient en hurlant la rue des Sept-Saints, qui aboutit sur la place du Château

Le château de Brest est une vieille forteresse entourée de fossés et flanquée de tours. Là se trouve la prison où l'on renfermait les aristocrates et les suspects. Elle était gardée par un poste nombreux, et susceptible d'être défendue par un régiment entier, qui tenait garnison dans le château même.

Mais Mathieu Piment du *Diadème* avait combiné son plan et donné ses instructions à ses cinquante camarades, qui se dispersèrent bientôt dans les rues basses en poussant des cris tumultueux. Le peuple accourut, le rassemblement devint considérable.

Alors les marins, qui savaient leur rôle, affectent une joie dévergondée ; ils se mettent à danser devant la première porte de la citadelle, englobent dans leur ronde tous les sans-culottes du voisinage, et attendent ainsi que le régiment soit sorti pour aller à l'exercice.

Bientôt après, toujours chantant et dansant, les marins entrent dans l'intérieur du château ; la foule, devenue compacte, les accompagne ; les abords de la prison sont encombrés; les soldats de garde, sans défiance, s'étaient mêlés à la foule et regardaient les danseurs.

Tout à coup, maître Piment donne un coup de sifflet.

Aux cris de *Vive la République!* une partie de ses gens se jettent sur les soldats désarmés, d'autres lèvent le pont-levis, de manière à empêcher le régiment de rentrer, d'autres s'emparent de la seconde porte, donnant du côté de la mer.

Toujours en criant : Vive la Nation ! vive la Liberté ! on assiége la prison.

Arrache-Tout se servait de son grappin comme d'un bélier; on rencontra une grille de fer, les pattes du grappin y furent accrochées; les matelots et le peuple, qui les aidait sans savoir pourquoi, tirèrent sur la corde, la grille céda.

Cependant l'alarme s'était répandue, le régiment qui faisait l'exercice sur la promenade voisine de la forteresse reprenait ses rangs.

— Vite ! en double ! cria maître Piment.

Suivi par Arrache-Tout, il arrive jusqu'à la partie de la prison où Kerbozec était renfermé.

Les prisonniers, aristocrates pour la plupart, pensaient qu'on venait les massacrer, ils priaient.

— Doucement, Arrache-Tout ; dis aux autres de ne pas laisser entrer le monde, cria Piment.

Un barreau de la fenêtre avait cédé aux efforts du gabier. Un tumulte effroyable se fit entendre, les matelots et le peuple disputaient au régiment l'entrée de la place. Les soldats n'avaient pas de cartouches, ils s'emparèrent de quelques échelles et les appliquèrent contre le rempart du poste avancé.

Mais quand ils eurent franchi le premier obstacle, ils en

rencontrèrent un second, car il s'agissait de pénétrer sous une voûte dont les marins avaient fermé l'entrée.

Pendant qu'à coups de hache le régiment se frayait passage, Arrache-Tout, par l'ordre de maître Piment, prit Kerbozec entre ses bras et sortit par la fenêtre à l'aide de la longue corde du grappin. Le maître les suivit.

L'instant d'après, il se trouvait au milieu de la place intérieure de la citadelle, dont la porte, opposée à celle du côté de la ville, était depuis longtemps au pouvoir des marins.

Maître Piment donne un nouveau coup de sifflet. Tous les gens de la *Constitution* le rejoignent et se précipitent par l'autre issue sur les quais du port.

Le régiment, irrité, rentrait baïonnette croisée. Maint sans-culotte qui, sans le savoir, avait aidé les marins, à sauver un aristocrate, paya de la vie son concours involontaire.

Aux cris de : Vive la Nation! Vive la République! Vive la Liberté! l'Egalité! etc... les matelots se dispersèrent.

Arrache-Tout et Mathieu Piment se rendirent avec le commandant Kerbozec à bord du chasse-marée le *Passe-Partout*, beau caboteur que commandait le maître depuis qu'il s'était fait congédier.

Cinq minutes après, le petit navire largua ses amarres, sortit du port et mit sous voiles.

Peu à peu, tous les autres marins se rendirent chez la mère Barbe.

— Le coup est fait! dit l'un d'eux ; et le commandant est paré!

— Ah! dit l'hôtesse avec bonheur ; et la consigne ?

— Ne jamais ouvrir la bouche de tout ça.

— Bon! à une autre.

A mesure que les matelots rentraient, la bourgeoise leur demandait de même la consigne.

— Fermer son bec,—ravaler sa salive,—manger sa langue, et autres variantes matelottes, telles furent les réponses qu'elle obtint.

Le journal de la localité, parfaitement renseigné sur l'événement, contint le lendemain un article ainsi conçu :

« Les véritables républicains brûlent de voir disparaître
» à jamais les infâmes aristocrates dont la présence souille
» le sol de notre patrie.

» Le peuple de Brest, irrité des lenteurs de la justice,
» s'est précipité hier, au point du jour, sur la prison du
» château, où sont détenus des ci-devant nobles et prêtres,
» dont le sang aurait déjà dû teindre l'échafaud régéné-
» rateur.

» Et l'on a osé frapper ces généreux citoyens qui sont
» suffoqués par la pensée de respirer le même air que les
» traîtres à la patrie, que les partisans du despotisme et de
» la superstition... etc... etc... »

L'article concluait à l'expulsion du régiment et à la dégradation des officiers.

On lisait un peu plus bas, dans la colonne des mouvements maritimes :

« A sept heures et demie, le chasse-marée le *Passe-Par-*
» *tout*, patron Piment, est sorti du port et a mis sous voiles
» pour Roscoff. »

Une fois au large, Arrache-Tout s'approcha du commandant :

— Eh bien! commandant, dit-il avec fierté, j'ai-t-y tout à fait gagné mon pardon?

— Il y a longtemps, mon garçon, que, par ta bonne conduite, tu avais racheté ta faute; sois honnête, suis les conseils de maître Piment et ne te mêle plus aux émeutes sanguinaires des sans-culottes...

— A moins que ce soit pour manœuvrer comme aujourd'hui, pourtant, interrompit le gabier en souriant.

— Il faut bien que je ne blâme pas une échauffourée sans laquelle je serais encore prisonnier, mais sois prudent...

— Heum ! fit le matelot.

— A présent, je te dois une profonde reconnaissance pour le service que tu m'as rendu.

— Je suis content, commandant, interrompit encore Arrache-Tout, nous voilà quittes! pas de merci, ni peu ni beaucoup, s'il vous plaît. Le malin, le fameux, le soigné, quoi! c'est maître Piment : c'est lui qu'a tout fait.

— S'entend, dit le maître en s'approchant, un petit sermon à mon idée sur la manière de gouverner. A cette heure, commandant, où faut-il mettre le cap ?

— Je veux aller à Jersey, dit le commandant, qui n'ignorait pas qu'un rassemblement d'émigrés s'y formait, et qui renonçait enfin à son penchant pour les utopies démocratiques.

Malgré les gardes-côtes anglais, maître Piment débarqua le capitaine de vaisseau à bon port, prit congé de lui, non sans protester de son éternel dévouement, et lui souhaita bonne chance. Arrache-Tout fit de même.

Le surlendemain, après avoir échappé aux croiseurs ennemis, *le Passe-Partout* entrait à Roscoff, petit port situé à douze ou quinze lieues au nord de Brest.

A quelque temps de là, le caboteur, regréé à neuf et en lougre, doublé, espalmé, muni de deux pierriers et monté par des débris de l'équipage de *la Constitution*, se convertissait en corsaire sous les ordres de maître Piment. Le digne maître pardonnait beaucoup à la Révolution, parce qu'elle avait amené la guerre.

Il détestait les sans-culottes, qui persécutaient les prêtres, et qui avaient volé à l'église Sainte-Anne-d'Auray son petit modèle du vaisseau le *Diadème*; mais les Anglais... *c'était encore cinquante mille milliasses de fois plus vire*, suivant *son idée.*

Pendant que le *Passe-Partout*, transformé en corsaire, s'embusquait dans la Manche, le capitaine de vaisseau s'installait à Jersey. M. de Kerfuntun y était alors. Ayant eu connaissance de l'arrivée du vieux gentilhomme, il s'empressa de l'aller voir, le logea chez lui, lui fit promettre d'attendre son retour et partit pour les bords du Rhin.

Vers le milieu du mois d'octobre, Kerfuntun, Ermel de la Faugerais et Alain Gavésio se trouvèrent réunis au vicomte de Kerbozec, initié, depuis son arrivée dans l'île, aux secrets de l'Association Bretonne.

Mais, sur les entrefaites, la retraite du roi de Prusse a découragé les émigrés de Jersey, des contre-ordres arrivent de toutes parts, le débarquement n'aura pas lieu. Le bruit court que le chef de la conspiration va quitter le sol de la Bretagne et se réfugier auprès des princes.

Dans ces conjonctures, Kerfuntun et ses amis décidèrent que pour leur part ils s'efforceraient de rentrer en Bretagne.

Le premier a des messages à transmettre à La Rouarie, les autres tiennent à retourner à Rosven, centre de toutes leurs affections.

En Kerfuntun, la passion politique l'emporte sur l'intérêt de ses propres enfants. Kerbozec et Ermel sont attirés par des sentiments moins exaltés peut-être, mais non moins vifs; quant au fidèle Alain Gavésio, sa tâche a grandi, il a deux de ses maîtres à garder et à défendre ; il les suivra sans se permettre une observation. Cependant, au fond du cœur, il se réjouit à l'espoir de reparaître à la métairie, — d'y raconter ses aventures en présence de la brune Jeanne du Gavre, et d'y montrer à son père les blessures qu'il a reçues en défendant M. Ermel.

Kerfuntun, qui venait assez souvent à Jersey pour y avoir loué un petit logement, avait à sa dévotion un pêcheur du pays ; pendant une nuit sombre, il se fit débarquer, ainsi que ses compagnons, sur une plage de Normandie. En touchant le sol de France, les quatre émigrés se jetèrent à genoux et prièrent Dieu de les protéger pendant leur aventureux voyage. Puis, déguisés en paysans, armés de pistolets cachés sous leurs larges blouses, et munis de gros bâtons, ils s'engagèrent résolûment dans l'intérieur du pays.

Ce retour rappela forcément à Ermel de La Faugerais et à son serviteur leurs premiers pas sur la terre de l'exil, lorsque, guidés par Antonio Muniz, ils franchissaient les Pyrénées avec l'intrépide Montreuil et le prudent capitaine d'Amblemont.

XIX.

L'HORLOGE DU SALON.

En face de la haute cheminée du salon de Rosven se trouvait une vieille horloge à balancier qui ne marquait autrefois que des heures de paix ou celles d'une douce attente. Son aiguille fleurdelisée, que les châtelaines consultaient souvent, annonçait le retour de la chasse d'une manière plus certaine, sans contredit, que les derniers aboiements de Rampaillo, Faro, Castagno et compagnie, — car c'était acte de respect filial que de n'être jamais en retard pour le repas.

Fort indulgent en toutes choses, le bonhomme Jean-François tenait essentiellement à la régularité; aussi ses fils Armand et Michel le vicomte, ses petits-fils Hilaire et le chevalier Ermel, et Kerfuntun, et tous les hôtes du manoir, avaient-ils soin d'être parfaitement exacts; maint lièvre dut la vie à leur attentive sollicitude pour les désirs du vieillard.

Les dames ne craignaient point qu'emportés par trop d'ardeur à la poursuite du gibier, ils oubliassent l'heure marquée par l'antique pendule, et qu'ils dépassassent l'instant de la réunion, à laquelle présidait avec une satifaction toujours nouvelle le bonhomme octogénaire Jean-François Bozec de la Faugerais, sire de Rosven, de Kerbozec, Ploudiri-Braz, Kertégonec et autres lieux.

Quand approchaient midi ou huit heures du soir, en jetant les yeux sur le cadran historié, la bonne femme se disait : Mes enfants vont rentrer bientôt, — et un sourire maternel effleurait ses lèvres décolorées.

Louise, la jeune femme d'Hilaire, depuis longtemps chargée des soins du ménage, souriait aussi, car Jean VII et ses petits frères sautaient en criant :

— On peut mettre le couvert, petite maman, pas vrai?

Il s'en fallait de dix minutes qu'il fût temps de s'asseoir à table.

— Oui, mes enfants, répondait la jeune mère, appelez les domestiques et dites-leur en même temps de nous apporter du bois.

Les enfants sortaient au galop. Mélite s'approchait de la fenêtre pour voir revenir son père et ses frères. Mais lorsqu'Ermel était du nombre des chasseurs, Francésa, toute rêveuse, avait peine à dissimuler son impatience, elle baissait la tête sur son métier, et sa jolie main courait plus vite que jamais sur le canevas où ses doigts faisaient éclore quelque pensée de soie aux reflets d'or, quelque rose dont les couleurs le disputaient à l'incarnat de ses joues.

Louise, qui remarquait le trouble de sa sœur, échangeait volontiers un regard malicieux avec la douce Mélite. Mélite, à son tour, venait poser sa blonde tête à côté de celle de Francésa, dont elle devinait les pensées.

Un gracieux manége, qui durait alors jusqu'au retour des cavaliers, égayait fort les deux compagnes de la charmante brodeuse. Celle-ci, le plus souvent, s'apercevait, bon gré, mal gré, des signes d'intelligence que se faisaient Louise et Mélite ; aussi rougissait-elle un peu plus,

Le bonhomme ni la bonne femme ne se doutaient de rien. Ce n'étaient plus jeux de leur âge. Mais le secret de Francésa n'en était un ni pour ses amies ni pour bien d'autres.

Louise avait reçu les aveux de sa sœur; quoi de plus naturel! mais pouvait-elle se dispenser d'en parler à son mari? En bon ménage pas de mystères ! Mélite, d'un autre côté, avait, comme intime amie, sa large part dans les confidences de Francésa. Mélite, personne n'en doutera, était trop bonne sœur, pour en faire mauvais usage. Hilaire était aussi trop bon frère pour se taire absolument. Si bien qu'Ermel savait pertinemment que Mlle de Kerfuntun ne dédaignait pas de penser à lui, tout en brodant au tambour; — si bien encore que Francésa savait de source certaine par quels motifs l'instant le plus agréable de la journée pour M. le chevalier était, malgré la passion de la chasse, celui du retour au manoir.

Tel est en abrégé le petit roman intime qui, pendant le dernier congé d'Ermel, avait occupé toutes les jeunes têtes de Rosven, sans excepter Hilaire, que des intérêts bien autrement sérieux ne devaient pas tarder à distraire de ces innocentes intrigues; mais lorsque les appréhensions causées par les convulsions politiques de la France pénétrèrent dans le paisible manoir, les amours enfantines et candides du lieutenant d'Artois et de la sœur de Louise se modifièrent. A l'approche d'événements que signalaient mille funèbres présages, les fronts les plus purs ne pouvaient rester sereins.

Lorsqu'il fallut se séparer, la timidité, fit place à une crainte d'une nature bien différente. Encouragé par Louise elle-même, Ermel osa prononcer des paroles qu'il n'eût pas proférées en des temps meilleurs. Francésa l'entendit, resta muette, accepta du regard ses vœux et ses espérances ; puis elle frémit et pleura. Depuis ce jour, l'horloge de Rosven sonnait des heures tristes comme l'absence, lugubres comme la terreur.

Quand la bonne femme voyait arriver l'instant du repas, elle ne pouvait s'empêcher de songer à son fils le vicomte Michel, à son petit-fils le chevalier, qu'on avait laissés partir, non plus pour aller bravement servir le Roi sur mer ou sur terre, mais pour affronter les fureurs d'une populace en démence.

— Pas de nouvelles des absents !... Où étaient-ils ?...

La pauvre aïeule soupirait, et quand il fallait se mettre à table, ses regards erraient avec douleur sur les places occupées naguère par Michel de Kerbozec et par Ermel de La Faugerais.

Un mois s'écoula ; — le capitaine de vaisseau écrivit. On apprit comment il n'avait échappé que par miracle aux sans-culottes de Lorient. — On en conçut des craintes d'autant mieux fondées sur le sort d'Ermel qui n'écrivait pas.

M. de Kerfuntun parut à de rares intervalles; chaque fois les nouvelles qu'il rapportait étaient plus affreuses. Hilaire commença de s'absenter souvent. Plus on avançait vers le sanglant 93, plus il semblait que le temps était lourd.

Chaque heure sonnée par l'horloge de Rosven réveilla bientôt de cruels souvenirs.

L'une d'elles signalait l'instant de l'arrestation d'Armand, l'aîné de la famille : l'autre rappelait cette scène violente de visite domiciliaire, à la suite de laquelle Louise et sa sœur avaient été emmenées prisonnières par les agents du district de Vannes.

Il vint un jour où la vénérable aïeule, brisée de douleur, ne fut plus en état de sortir du lit. Le bonhomme Jean-François, plus morne, plus affaissé que jamais, ne bougeait guère de la chambre de sa femme.

Armand, dont les cheveux avaient achevé de blanchir, passait des heures entières dans la salle basse, marchant à grands pas, murmurant les noms de ses fils; puis tout à coup il s'arrêtait devant Mélite, la regardait paternellement, et semblait en proie aux plus cruelles pensées. Des larmes roulaient dans ses yeux.

Louise, depuis son retour de prison, faisait peine à voir ; souvent aussi elle se levait brusquement, embrassait ses enfants par une sorte d'instinct, et retombait sur son siége, fondant en larmes :

— Calme-toi, ma bonne sœur, je t'en conjure!.. disait Francésa, pendant que les enfants, par d'imprudentes questions, redoublaient les anxiétés de leur mère.

— Maman, dis-moi pourquoi tu pleures ? demandait Jean.

— Les bonnets rouges vont-ils venir encore?

— Sais-tu, maman, les Gavésio ont dit qu'ils se battraient contre eux... et que si papa voulait les commander...

— Toujours absent! s'écriait la jeune femme en parlant d'Hilaire... et notre père avec lui... Mon Dieu!.. ayez pitié de nous !

Si Mélite, qui venait de soigner les vieillards malades, rentrait alors dans le salon, elle trouvait sa belle-sœur et son amie versant des larmes. Douce et compatissante à tous les maux, elle réclamait sa part dans leurs peines; elle s'empressait de prendre leurs mains ; — puis toutes trois restaient ainsi embrassées jusqu'à ce que l'une d'elles commençât une prière.

De longs silences, à peine interrompus par de profonds soupirs d'angoisse, succédaient à ces tristes scènes d'amour filial ou fraternel.

Et cependant les battements monotones du balancier retentissaient dans la vaste salle.

XX.

LE MESSAGER BOITEUX,

Un matin, au commencement de novembre 1792, Francésa, qui venait d'atteindre sa vingtième année, se trouvait seule dans le salon ; elle brodait encore, et c'était chose étrange que le contraste de son costume de paysanne de Saint-Ermel avec son occupation de demoiselle. Elle brodait et rêvait doucement;—Mélite et son père étaient avec les vieillards, Louise faisait les leçons de ses enfants; M. de Kerfuntun était absent depuis plus de deux mois ; Hilaire, parti le même jour que lui, n'avait pas reparu au manoir.

Francésa, de crainte d'être importune, s'était réfugiée dans la salle abandonnée; elle avait repris un ouvrage qu'elle délaissait maintenant durant des semaines entières ; son aiguille, autrefois si prompte qu'on eût pu la comparer à la baguette de quelque fée, ne passait plus que lentement d'une main dans l'autre. Les impressions les plus opposées se peignaient tour à tour sur ses traits mobiles, encadrés dans une coiffe de toile blanche qui affectait la forme d'un casque sarrazin, car l'étoffe empesée s'arrondissait comme un globe tout autour de la tête, et une pointe raide était relevée au sommet, tandis que les bords unis pendaient à droite et à gauche de la manière la plus sévère. Sous ce bonnet, d'un style étrange qu'on retrouve encore à Saint-Vincent, dans le Morbihan, et quelquefois à Redon, un bandeau serré laissait apercevoir une frange de cheveux lisses du noir le plus brillant. Afin que la coiffure fût tout à fait celle d'une paysanne, il avait fallu que Francésa renonçât à la poudre et aux boucles, et même aux longues tresses, en sorte que sur son cou, d'une blancheur admirable, l'on voyait encore une touffe, ou, pour nous servir du mot propre, un chignon que la brune fille de Jean du Gavre aurait pu lui envier.

Si le reste du costume était en harmonie avec le bonnet, si un petit fichu blanc à raies bleues se perdait sous une piécette d'indienne formant ensuite le tablier, si le corsage et la jupe étaient de bure brune, et les manches ornées de deux larges rubans de velours violet, ce qui est le *nec plus ultrà* du luxe dans la paroisse de Saint-Ermel, — plusieurs points essentiels manquaient cependant à la métamorphose.

Quoique Bretonne, Francésa avait un profil qui rappelait les lignes les plus chères aux grands maîtres. Ses joues n'étaient point rebondies comme il convient à une franche Morbihannaise. Son front haut et droit, ses lèvres plutôt fines qu'épaisses, son menton légèrement anguleux, s'éloignaient à l'envi du type armoricain.

Mélite de La Faugerais, blonde enfant de Rosven, minois chiffonné mais ennobli par une angélique douceur, ne ressemblait point à Francésa, car celle-ci tenait de M. de Kerfuntun tandis que Louise avait les traits bretons de leur mère. La belle Jeanne du Gavre, la promise d'Alain; Toinette Gavésio, que maître Piment avait judicieusement appelée un vrai charme en fleurs, seraient au besoin autant de preuves qu'il y a en Bretagne une foule de jeunes filles charmantes, — toutefois il est constant que jamais coiffe à la sarrazine n'ombragea tête plus aristocratique et moins vulgairement armoricaine que celle de Francésa de Kerfuntun.

Les espions du district révolutionnaire de Vannes, gens peu artistes, comme on pense, pouvaient se méprendre à la piécette et à la robe de bure; ils pouvaient ne pas remarquer le teint frais, les mains blanches et les petits pieds de la jeune châtelaine; mais Morvan-Béquille, le vieux mendiant, n'était pas homme à s'y tromper.

Francésa rêvait tout en travaillant ; son esprit léger, distrait par de doux souvenirs, lui offrait parfois des images riantes ; elle espérait encore. — Son père et Hilaire de La Faugerais étaient absents, il est vrai ; bien d'autres fois ils s'étaient absentés, et toujours ils étaient revenus. Le vicomte de Kerbozec avait couru bien des dangers sur terre comme sur mer, et cependant on avait appris peu de temps auparavant par un marin de Sarzeau, arrivant de Roscoff, que M. de Kerbozec était en sûreté à Jersey. Pourquoi Ermel lui-même ne serait-il pas sain et sauf et peut-être près de revenir ?

— Il vit, oh! oui, il vit encore, j'en suis bien sûre, pensait la jeune fille; car j'aurais eu quelque pressentiment s'il avait succombé.

A la seule pensée des dangers courus par le chevalier, le front de la jolie brodeuse se rembrunissait. L'instant d'après un sourire passait sur ses lèvres,

— Et puisqu'il vit, ajoutait-elle tout bas, il m'aime toujours; car c'est un noble cœur!

Parfois la jeune fille levait les yeux sur un portrait appendu aux noirs panneaux du salon : ce n'était pas celui d'Ermel; mais il y avait entre l'officier représenté sur la toile et le second fils d'Armand de La Faugerais mille rapports de ressemblance : — même regard vif et ouvert, même teint faiblement coloré, mêmes traits de famille, et presque même uniforme; car l'image que contemplait Francésa était justement celle qui attirait des larmes dans les yeux du bonhomme, celle de son brave frère, tué sous les murs de Québec à côté de Montcalm : — même air militaire, et mêmes épaulettes, sans doute, puisque Ermel à présent devait au moins être capitaine.

L'imagination de la jeune fille avait suppléé au défaut de nouvelles : elle s'était fait à son usage une biographie d'Ermel qui ne manquait pas d'analogie avec la vérité.

— Il avait émigré, pensait-elle; il avait rejoint l'armée des princes, qui l'avaient remarqué, l'avaient avancé pour prix de sa bravoure, et lui donneraient au retour en France, le commandement d'un beau régiment.

Francésa s'abandonnait au plaisir de rester en dehors de la réalité, lorsque la porte du salon fit un léger bruit ; elle leva la tête, et vit un homme en haillons qui l'examinait attentivement.

Elle eut un premier mouvement de crainte, et fut sur le point de s'enfuir par la porte opposée; mais, digne fille de Kerfuntun, elle retrouva presqu'aussitôt le sang-froid, et fit quelques pas vers Morvan-Béquille, encore arrêté sur le seuil.

— Bonhomme, dit-elle avec douceur, qui cherchez-vous ? Vous ne savez peut-être point que la cuisine est de l'autre côté...

— Je sais, je sais, j'en viens, ma belle demoiselle...

— Ce nom ne me convient pas, interrompit la jeune fille en rougissant de son premier mensonge : les dames et demoiselles du manoir ne sont pas mises comme moi.

— Je sais, je sais, Jésus, mon Dieu ! reprit le mendiant; mais si j'ai la jambe mauvaise, j'ai l'œil encore bon, notre demoiselle, et puis je suis honnête, ce n'est pas la peine de vous cacher de moi.

— Encore une fois, mon ami, vous voyez bien que je porte barrette et tablier d'indienne: ce n'est pas la coutume, je pense, des demoiselles de la maison.

Le mendiant, appuyé sur sa béquille, son large chapeau à la main, branlait la tête en souriant.

— C'est vrai ! pour le sûr, mon enfant, dit-il, mais la coutume des paysannes n'est pas de parler aux pauvres en français, ni d'avoir de belles petites mains de cire comme des mains de Sainte-Vierge, ni des petits pieds que des sabots seraient trop lourds pour y mettre;... sans compter, ma belle petite dame, que le soleil et le vent de sud-ouest ne laissent pas les commères de par ici blanches comme lait... Soyez calme, notre jeune demoiselle, Morvan-Béquille est un brave homme qui croit en Dieu comme un bon curé; qui aime le Roi comme un *tudjentil* (1)... Et laissez-le vous parler, parce qu'il vous porte des nouvelles pas trop mauvaises, m'est avis!

— Si vous voulez être introduit auprès des maîtres, dit Francésa, je vous mènerai chez le bonhomme.

— Le bonhomme est vieux, la bonne femme est malade, je vas vous dire ce qu'il faut; puis vous leur reporterez la chose. Moi, d'abord, j'ai plaisir à parler aux belles gentilles petites dames comme vous.

— Vous ne voulez donc pas que j'appelle M. Armand, ou Mme Hilaire ? reprit Francésa qui n'avait pu réprimer un sourire.

(1) Gentilhomme.

— Vous feriez mieux de dire tout bonnement votre sœur, car je vous connais bien, moi, vous êtes une des demoiselles de Kerfuntun; je vous ai vues bien des fois toutes petites au manoir de votre père... et plus d'une fois aussi, avec vos jolies mainottes blanchettes, vous m'avez donné l'aumône à la porte de l'église.

Francésa, immobile, attendait.

— Je viens donc pour vous dire que votre papa, M. de Kerfuntun, est en sûreté au pays, depuis quinzaine, et avec lui M. Michel de Kerbozec, et encore M. Ermel, sans compter Alain Gavésio.

A cette nouvelle quatre fois heureuse, du moins en apparence, la jeune fille poussa un cri, s'appuya sur son métier à ouvrage, et fut bientôt obligée de s'asseoir.

—...Faut vous dire encore, ajouta le mendiant, que M. Hilaire est avec eux; mais ils n'ont pas voulu me donner de lettre rapport aux patriotes... Vous comprenez.. Un papier, ça peut se perdre, et c'est babillard; au lieu que Morvan-Béquille ne dit jamais que ce qu'il veut dire.

Le marquis de La Rouarie avait eu l'adresse d'enrôler dans son parti les mendiants, qui forment en Bretagne une sorte de population à part, respectée par le peuple des campagnes, hospitalièrement recueillie dans les chaumières et dans les manoirs.

Chaque paroisse a ses mendiants qui courent les rues à l'époque des fêtes et pardons, récitant des prières, chantant des cantiques, demandant l'aumône. Les paysans les aiment, car les uns sont les poètes, les autres sont les messagers du pays. Visiteurs nomades, ils tiennent toujours en réserve le récit de quelque événement curieux; ils colportent les nouvelles et content des histoires à la veillée, dont ils charment les heures.

Les mendiants ont encore des recettes merveilleuses contre les maladies, et des prières pour obtenir l'heureuse réussite des entreprises de tous genres. Aussi exercent-ils une certaine influence sur les cultivateurs sédentaires.

Au retour dans leurs paroisses natales, on les entoure avec une cordiale curiosité; c'est à qui leur offrira un asile au logis. Et puis ils ne sont pas étrangers aux secrets du ménage; ils ont préparé de longue main des unions entre les jeunes gens et les jeunes filles; plus souvent encore ils ont indiqué aux journaliers la ferme ou le canton où l'ouvrage abonde.

La Révolution froissa les mendiants en voulant réprimer leur vagabondage. Menacés par les lois, indirectement atteints par les persécutions dirigées contre la noblesse et le clergé, ils étaient parfaitement disposés à jouer le rôle que La Rouarie leur destinait. Ils eurent mission de porter les communications secrètes; ils furent instruits à parler contre les mesures révolutionnaires et à réfuter comme des calomnies les bruits répandus par les clubs des villes. En un mot ils devaient préparer le soulèvement général.

Morvan-Béquille était un des agents infimes du comité supérieur; il méritait à tous égards, la confiance de Kerfuntun.

Après l'avoir entendu, Francésa surmontant sa faiblesse, dit avec vivacité :

— Bonhomme! est-ce bien tout? Puis-je aller communiquer ces bonnes nouvelles à ma sœur et à ses parents?

— Non! non! pas encore, s'il vous plaît.... parce que je n'ai pas seulement les commissions de monsieur votre papa, voyez-vous.

Le mendiant, à ces mots, cligna des yeux d'un air malin.

— C'est si drôle, dit-il, de vous voir comme ça en habillement du pays, que ça me donne toute aisance pour achever.

Francésa devint rouge; le mendiant poursuivit en souriant :

— Pas vrai, bien sûr, que vous êtes bien mademoiselle Francésa de Kerfuntun?

— Oui, sans doute, murmura la jeune fille, puisque vous le savez déjà.

— Je sais, je sais, Jésus, mon Dieu! que vous êtes bien la fille, la vraie fille de monsieur de Kerfuntun. Vous avez son nez et ses yeux de corbeau; Morvan ne s'y trompait pas tout à l'heure; je pensais bien que vous étiez la petite.. mais il y a longtemps depuis que j'allais demander la charité à Kerfuntun... et je ne sais pas au juste si vous êtes deux, ou trois, ou quatre sœurs, car pour madame Hilaire...

— Bonhomme, interrompit la jeune fille, je suis Francésa, et n'ai pas d'autre sœur, que Louise, madame Hilaire de La Faugerais.

— Je la connais encore mieux que vous, celle-là : une bonne enfant, dam! et bien charitable pour le pauvre monde.

— Mais parlez donc, mon ami, parlez, car je suis pressée de monter là haut.

— Vous faites bien d'être pressée, répondit Morvan avec son sourire malicieux. Quand nous portons aux jeunes filles les paroles de leurs promis, elles sont toujours pour nous dire : « Bonhomme, allez donc plus vite, » et puis quand c'est fini, elles voudraient nous entendre recommencer.

Francésa n'interrompit plus, elle baissa les yeux; les mains enfoncées dans les poches de son tablier, elle resta dans une attitude modeste qui plaisait au vieux Morvan.

— Allons ! vous pensez bien que le chevalier Ermel a dit un mot de plus à l'oreille du père Béquille ; c'était comme je partais de la Fosse-Hingant, où j'étais depuis deux jours chez M. Desilles *pour affaires !...* — Le mendiant se redressa en appuyant sur ces mots qui révélaient son importance. — Ça fait donc que M. Hilaire me dit : — « Morvan, tiens-toi prêt à partir pour Rosven, car il y a de grandes nouvelles à porter. » Et, au même moment, voilà que je vois M. votre papa, et un vieux grand, tout pâle, et un jeune, joli garçon, que je cherchais à me rappeler où ce que je les avais vus. Et, comme je cherchais en moi-même, un autre entra dans la cour, c'était Alain le soldat. — « Ah ! que je me dis, père Morvan, tu perds la tête et la mémoire, il paraît ! » — Le vieux pâle, c'était M. de Kerbozec ; le jeune, joli garçon, M. Ermel le chevalier.

Ici, le mendiant fit une pause ; mais Francésa, le front baissé, la rougeur sur les joues attendait, il reprit en ces termes :

— « Je sais ! je sais ! que je dis, faut aller annoncer à Rosven que ceux-ci viennent de rentrer au pays. » — « Justement, mon brave ! » répond M. votre papa en me donnant d'avance trois beaux écus de six livres pour ma peine. Voilà donc que je prends mon sac, mon bâton et ma béquille... Un pied devant l'autre, on fait encore du chemin.... Mais je venais de tourner le coin de la maison, quand M. le chevalier court après moi, me frappe sur l'épaule ; je me retourne.

— Eh bien ? s'écria Francésa impatientée de tant de longueurs.

— Voilà ! voilà ! fit Morvan-Béquille... Eh bien, il me conta un tas de jolies choses ; mais je n'ai pas la langue tournée pour dire ça à sa mode ; seulement, ce que j'ai compris, voyez-vous, c'est qu'il est toujours votre *promis*, qu'il vous aime tout plein; et qu'il voulait que je vous le disc dans un petit coin, là, seul en face l'un et l'autre... Il m'a donné aussi deux écus, parce que, dit-il, il n'en avait pas davantage.— « Gardez, gardez, M. le chevalier, ça se retrouvera plus tard ! » que je disais. — « Non ! Morvan, dit-il, prends toujours; et je ne t'oublierai pas, une fois à Rosven. » Ensuite de ça, il m'a parlé de sa sœur, de son père, du bonhomme, de tout le monde. — « C'est bon ! M. le chevalier, vos commissions seront faites; Morvan est un vieux renard, il sait le chemin, soyez calme ! »

Le mendiant parla longtemps encore sur le même ton. Tout à coup Francésa, qui l'avait silencieusement écouté, rougissant et frémissant d'une innocente joie, sembla frappée par une idée.

— C'est mal ! reprit-elle, de tarder à leur apprendre ce qu'ils désirent tant savoir.

Détachant alors un petit cœur d'or qui pendait à son cou, elle l'offrit à Morvan-Béquille.

— Bonhomme, ajouta-t-elle, je n'ai pas autre chose à vous donner... Le bon Dieu vous rende le bonheur que vous nous apportez aujourd'hui.

A ces mots elle disparut, légère comme une biche, laissant le mendiant lui-même, étonné de sa réserve et de sa candeur.

Morvan-Béquille ne sortit pas de la grand'salle sans avoir récité un *Pater* et un *Ave* pour Ermel et Francésa.

Puis il repassa par la cuisine, afin d'annoncer aux domestiques l'arrivée du vicomte et du chevalier; et enfin il se rendit chez les Gavésio.

La chambre de la vieille bisaïeule où Francésa pénétra d'un pas timide était plongée dans une obscurité complète; un profond silence y régnait. La bonne femme, couchée dans son lit, les yeux fermés et le front déjà glacé par les approches de la mort, respirait à peine. Auprès d'elle se tenait Mélite, semblable à l'ange de charité, veillant avec une pieuse sollicitude et prévenant les désirs de la mourante, à laquelle de temps en temps elle offrait une tasse de tisane ou un flacon d'éther.

A côté de la cheminée, où pétillait un grand feu de hêtre, Jean-François de La Faugerais était étendu sur une chaise longue. Son fils Armand, assis en face de lui, triste et pensif, portait tour à tour ses regards de la chaise longue au lit; de temps en temps il les élevait plus haut, comme un homme qui n'attend de secours que du ciel.

Lorsque la jeune fille entra, Mme Hilaire et ses enfants venaient d'entrer aussi sans bruit, pour baiser les mains des vieillards avant de vaquer aux travaux de la journée. Il était environ onze heures du matin.

— Louise, dit tout bas Francésa en se penchant à l'oreille de sa sœur, j'apporte de grandes et d'heureuses nouvelles, mais je n'ose parler tout haut.

— Mon Dieu! sait-on?.

— Ils sont tous réunis en Bretagne; notre père, ton mari, le vicomte de Kerbozec, et M. Ermel.

Louise poussa un petit cri de surprise et de joie.

— Oh!... Qu'y a-t-il donc? demanda le bonhomme.

Armand avait fait un geste d'impatience comme pour réprimander sa belle-fille du faible bruit qu'elle venait de faire. Mélite s'approcha de ses deux compagnes, et le groupe des jeunes femmes et des enfants se resserra devant les vieillards.

— Mon père, dit enfin Louise, Francésa vient d'apprendre des nouvelles de tous nos parents.

Armand se leva ; le bonhomme se mit sur son séant; la bonne femme ouvrit de grands yeux.

— Un mendiant, Morvan-Béquille, les a vus tous, il y a huit à dix jours, au château de la Fosse-Hingant, près Saint-Malo.

— Tous? s'écria le bonhomme d'un ton interrogatif.

Mélite s'était vite approchée de son aïeule, dont les lèvres s'agitaient.

— O mes fils, mes nobles enfants! murmurait Armand le châtelain.

— Mais Michel?... mon brave marin?.. demanda encore le vieillard octogénaire.

— Le vicomte de Kerbozec était avec mon père et Hilaire, et M. le chevalier Ermel, dit Francésa d'une voix tremblante.

Un silence de quelques secondes suivit cette déclaration ; Jean-François fit signe à ses enfants de le soutenir.

Son fils Armand, qui avait alors soixante ans révolus, et son arrière-petit-fils, Jean VII, qui n'avait pas encore tout à fait onze ans, lui prêtèrent l'appui, l'un de son bras, l'autre de son épaule, et l'on vit le bisaïeul s'avancer vers la mourante, lui prendre la main et la serrer.

La châtelaine leva sur son mari ses yeux ternes où la douleur et la maladie avaient également tari la source des larmes; mais l'expression répandue sur ses traits souffrants disait assez qu'elle s'associait aux pensées du patriarche de Rosven. D'une voix cassée le bonhomme Jean-François fit entendre ces mots :

— Mes fils sont de retour ! ils sont réunis ! et ils ne rentrent pas à Rosven!... Que Dieu les protége!... Michel,

Hilaire, Ermel et Kerfuntun nous ont quittés tour à tour...
Ils sont en Bretagne..... tous ensemble.... que le Seigneur
les garde! Or, voici que la mort, s'avance vers nous, et ils
ne viennent pas nous demander la dernière bénédiction...
Mes fils! mes enfants, où donc êtes-vous? qui vous arrête?
Au temps où nous vivons, c'est donc un crime de prier autour du lit de mort de ses père et mère... Mais ils ont du courage, les enfants de Jean-François Bozec... quelque devoir sacré les retient... Prions pour eux! — Mon Dieu ! vous qui les avez guidés sur la route de l'exil, vous qui les ramenez de la terre étrangère : Seigneur, qui n'avez pas permis qu'ils tombassent dans les piéges tendus par les méchants, daignez les reconduire ici.... que je les bénisse pour la dernière fois!... que je les voie encore avant de mourir!...

— Ainsi soit-il ! dit d'une voix étouffée mais distincte, la bonne femme qui n'avait point parlé depuis plus d'un mois.

Les jeunes femmes et les enfants s'étaient agenouillés ; quant à Jean-François, soutenu par son fils et son arrière-petit-fils, il se tint debout aussi longtemps que dura la prière récitée par Louise et ses sœurs.

Ensuite le bonhomme se recoucha sur la chaise longue. —Mélite, Francésa et les enfants sortirent; la jeune femme d'Hilaire resta seule avec les malades, car à un geste du vieux châtelain, Armand était allé chercher Morvan-Béquille pour obtenir de lui de nouveaux détails.

Dès que les jeunes filles se trouvèrent dans la salle basse, elles se jetèrent dans les bras l'une de l'autre.

— Quand Morvan m'a appris qu'ils étaient de retour, disait Francésa, moi je n'ai plus pensé aux dangers qui les environnent !

— Mon Dieu! répondait Mélite, comment ont-ils fait pour arriver jusqu'à la Fosse-Hingant? Comment pourront-ils revenir à Rosven?

— Et si ce mendiant nous trompait! Il m'a regardée si attentivement; il m'a reconnue malgré mon costume.

Mélite prit la main de Francésa, et après un instant de réflexion :

— Non! sois tranquille. Les domestiques ne l'auraient pas laissé entrer, si ce n'était point un homme sûr.

Jean VII et ses jeunes frères écoutaient attentivement.

— Je saurai bien, moi, s'écria le petit garçon, si c'est un menteur ou un brave homme que ce pauvre boiteux! Je vais demander à ma bonne.

Il revint avec plusieurs des domestiques ; tous s'accordèrent à déclarer qu'on pouvait avoir pleine confiance en Morvan-Béquille, renommé depuis cinquante ans dans le pays pour sa discrétion et sa probité.

Il y avait donc, dans toute l'étendue de la province, un secret commun aux maîtres et aux serviteurs, aux vieillards et aux enfants, aux riches et aux pauvres. Tant que les prêtres avaient été proscrits, leurs lieux d'asile, connus de la population entière, n'avaient jamais été dénoncés aux révolutionnaires des villes. On se défiait des voyageurs, on craignait les espions; depuis plus d'un an les mots de liberté et d'égalité, loin de prédisposer les gens des campagnes en faveur de l'affranchissement promis par les clubs, irritaient les fidèles, dont on avait profané et souillé les églises.

Plusieurs fois des gentilshommes fugitifs avaient été obligés de se cacher dans des fermes isolées; on les avait gardés avec une généreuse sollicitude.

Cependant l'Association Bretonne n'embrassait pas les paysans proprement dits; à l'exception des mendiants et des faux-sauniers, les gens du peuple étaient presque tous étrangers aux tentatives de la noblesse.

Par l'effet d'une singulière coïncidence, deux castes naguère ennemies, les contrebandiers et les agents de la gabelle, furent affiliés en même temps à la vaste conjuration car en même temps la suppression des priviléges de la Bretagne les réduisait à la misère.

Les contrebandiers manceaux, vulgairement appelés faux-sauniers, vivaient en se livrant au commerce frauduleux du sel; les employés du fisc vivaient de leurs emplois, — la contrebande et la gabelle furent de fait supprimées par la même mesure législative. La Rouarie, profitant de l'occasion, réunit sous le même drapeau les deux peuplades guerroyantes, animées d'une haine égale contre la Révolution.

La confédération Bretonne, que l'on peut également appeler confédération Poitevine, avait pris naissance dans le Morbihan; elle s'était promptement étendue en Anjou et en Poitou. Elle s'appuyait dans le Maine sur une population vraiment redoutable, dont les premiers efforts firent trembler la Convention.

La Rouarie, toujours présent pour ses amis, toujours insaisissable pour les révolutionnaires, qui connaissaient vaguement ses ressources et se les exagéraient, était devenu l'objet de leur effroi. Ils mirent en jeu les ruses les plus habiles pour contre-miner l'édifice de l'infatigable conspirateur. La guerre de piéges et d'espions commença.

Et cependant, à ses frontières, le marquis s'étayait sur les faux-sauniers et les agents de la gabelle; et dans l'intérieur de la Bretagne, il avait pour lui les mendiants, dont la parole éloquente d'enthousiasme, brillante jusqu'à la poésie, réfutait aisément les froides théories des émissaires républicains.

Après avoir fait sa commission au manoir, Morvan-Béquille discourait encore plus à son aise chez les Gavésio. Le vieux Pierre lui versait du cidre et lui secouait la main en disant :

— Alain et M. Ermel, et M. Michel mon frère de lait, sont donc au pays! Allons! Morvan, à leur santé! à tes bons voyages!

— Le père Béquille nous dira ce qui se passe dans les villes du haut pays, s'écria l'un des fermiers.

— A Rennes répondit en breton le vieux mendiant, on met les nobles et les prêtres en prison, la guillotine est à la mode... Le pauvre monde meurt de faim, car les bourgeois ne font plus l'aumône depuis qu'ils ont renié le bon Dieu. On ferme les églises, on les pille, et ce n'est pas tout... Si vous saviez ce qu'ils ont fait, ces sans-culottes, comme ils s'appellent, le jour de la Toussaint... Jésus! Seigneur!

Les fils Gavésio, Jean du Gavre, et Poulglaz, et Pontaven, et Bastin, qui s'étaient peu à peu rassemblés à la métairie, écoutaient avec stupeur le récit d'infâmes sacrilèges qui les consternaient.

— Voilà la pure vérité, reprenait Morvan. Il y a trois jours, passant par le bois de Plélan, Guénolé-le-Manchot, qui a tout vu, me l'a conté. Mais le pire c'est à Paris, où le roi est enfermé...

Tandis que le mendiant, analysait dans son style l'histoire de la révolution française, les décrets de la Convention et les actes du club des Jacobins, tandis qu'il s'engageait dans de singulières biographies à propos de Marat, de Robespierre et de plusieurs autres fameux députés dont les noms étaient parvenus jusqu'à lui, Armand de La Faugerais parut. Les fermiers se découvrirent et se rangèrent, l'orateur fit silence.

Le fils aîné de Jean-François s'approcha du mendiant, lui adressa bien des questions sur le vicomte de Kerbozec, de Kerfuntun, d'Hilaire et d'Ermel; mais Morvan-Béquille avait déjà dit tout ce qu'il savait. Il ne put expliquer comment les quatre gentilshommes se trouvaient réunis; il ne put affirmer qu'ils dussent bientôt revenir.

— Enfin, mon ami, savez-vous ce qu'ils font à la Fosse Hingant? demanda le vieux châtelain,

— Monsieur, répondit le mendiant à voix basse, ils sont avec le *Seigneur-marquis* !... Voilà!..

L'air mystérieux de Morvan-Béquille imposa aux paysans, qui cependant n'avaient pas entendu; et Armand ne jugea point à propos d'interroger davantage le messager qui, sans en demander la permission, reprit son discours anti-démocratique.

FIN DE LA ROUTE DE L'EXIL.

TABLE DES CHAPITRES.

LA ROUTE DE L'EXIL.

I.	— Le Toit de chaume	3
II.	— Adieux	27
III.	— Cor et Violon	45
IV.	— L'Émigration	57
V.	— Les Contrebandiers	74
VI.	— Le Pays Basque	89
VII.	— Antonio Muniz y Bayen	103
VIII.	— La Compagnie d'Amblemont	114
IX.	— A la guerre comme à la guerre	125
X.	— Pressentiments	139
XI.	— Canonnade de Valmy	147
XII.	— Géranium et l'Enflammé	157
XIII.	— Rencontre	169
XIV.	— Nouvelles du pays	179
XV.	— Le Vicomte de Kerbozec	195
XVI.	— L'éloquence de Maître Piment	204
XVII.	— Faits, gestes, pèlerinage et idées notables de Maître Mathieu Piment du *Diadème*	209
XVIII.	— A la Pique Républicaine	249
XIX.	— L'Horloge du salon	235
XX.	— Le Messager Boiteux	241

LILLE, IMP. L. DANEL.

www.ingramcontent.com/pod-product-compliance
Lightning Source LLC
Chambersburg PA
CBHW062230180426
43200CB00035B/1533